こんなとき
どうする

法律家の
依頼者対応

編著
弁護士
京野哲也

著
弁護士
中川佳男
岡直幸
沖田翼

JN054897

学陽書房

はしがき

　弁護士をはじめ、法務専門職はどうすれば依頼者・相談者と上手にコミュニケーションをとることができるでしょうか。本書は「どうすれば」にあたるスキル（技法・コツ）を具体例でもって示すことを目的としています。

　様々な「あるべき」状態について想起することは比較的容易にできると思われますが、そのあるべき状態に「どうすれば」近づきうるのか、先人は「どうやって」いるのか、そのコツを会得することは難しいことでしょう。

　そこで、本書では、筆者らの経験を振り返って、実際に「どうやって」いるか、具体例を示すことを試みました。第1編の具体例は、基本的には、「通常の対応例」のようになってしまった経験と、類似の状況で「工夫例」の展開になった経験を合わせて左右対称のシナリオ（スクリプト）にしています。中には、自然に「工夫例」を実践していて「あ、『通常の対応例』のようにしない方がよいな」と気付いたものもあります。両者を同じ状況下で経験することはありえないので、経験の「引き出し」に入っていたものを再構成したという性格のケースが多いといえます（なお、純粋な話し言葉でなく、書籍上読みやすい表現でスクリプトを構成しています＝ということは多少は格好付けているということになるでしょう）。

　読者の立場からは、具体例が少ない書籍は「それをどうやってやるのか」を知りたいと思い、一方、事例を逐語的に再現した書籍は知りたい情報へのアクセスに時間がかかります。本書はその中間で、場面を切り取った短い具体例を先行させ、具体例から抽出したスキルをある程度抽象化してアクセスを容易にすることに特徴をおくものです。この観点から、第1編で個々のポイントを解説するにあたっては、できるだけ抽象的・一般的内容を避けて、ケースに即して言えることのみを記載するように意識しました（具体例を示せない一般論は語らない）。

　第1編の内容は、次の3章を中心にしています。①依頼者を受け止める、②依頼者を力付ける、③必要とされる場合に依頼者の考えや行動が変わる気付きを助ける。これに、依頼者との出会い（ファーストコンタクト）の場面や一般的な問題、

また、残念ながら撤退すべき場面を前後に加えて、第1編を章立てしています。

　そして、第1編の具体例を集めた後に、現れたスキルを抽出して各例ごとにポイントを解説するとともに、今度はそのスキルを第2編で再構成してみました。本書はスキル自体を体系的に解説することを目的とするものではないので、第2編は、基本的には文章で書いた索引のようなものです（多少それを超える狙いについて→第2編〔スキル3-3〕180頁）。

　なお、スキルの中にはカウンセリング等の隣接諸学の概念等を借用して述べているものがかなりあります。筆者らは「心」の専門家ではないので、当然ながら素人である私たちがそれらを用いることは危険が伴います。ただ、本書では筆者らの経験から抽出したスキルを指称するにあたって、通じるものがあると感じたそれらの概念や用語を「借用」したもので、隣接諸学の概念等そのものを指すのではありません。臨床法務として面談等のコミュニケーションを行うという点で一定の共通性があることから、参考にすることは有益かと思っています。読者はそれぞれの経験に照らして、借用した概念等の有用性やデメリットなどを判断していただくとともに、もし知的興味を惹起されたら各自が専門書にあたって知見を深めていただきたいと思います。

　本書は〈弁護士－依頼者・相談者間〉のコミュニケーションを題材としていますが、面談の具体的会話を「通常の対応例」「工夫例」の左右対称で示すという特徴をもった本書は、他の法務専門職の顧客コミュニケーションにおいても参考になると思います。

　当然ながら「工夫例」のようなスキルを使えばうまくいくというものではありません。面談は一つ一つが全て個性的であり、「工夫例」が逆効果となるケースも多いはずで、読者が自らの経験から想定するケースによっては「工夫例」に首をかしげることもあるでしょう。確かに、言語化されていない他の条件も存在したからこそ「通常の対応例」よりうまく展開したものといえます。その意味で個々のスキルそのものの力はそう大きいものではないでしょう。しかし、少なくとも、工夫例でうまくいったのと同じ条件下で「通常の対応例」の対応をした場合にはうまくいきにくいと思われ、左右のシナリオの差は有意なケースが多いのではないかと思います。左右を読み比べていただいて、なるほどと感じられたら、そこに一定の暗黙知が伝わるのではなかろうかと思っています。そして、ぜ

ひ読者自身が素晴らしい「工夫例」を創っていただきたいと期待しています。

　本書中には、書籍に記載するには少し躊躇される経験的内容や表現も含まれていますが、本書は京野哲也の責任編著であり、その内容の不備・不適当な部分は全て責任編著者に責めがあります。読者たるべき若手専門家のために、なにかしらヒントになる可能性のありそうな事柄については、「迷ったら書く」というポリシーで書いてみたものです。

　私たち自身も悩みつつ日々の顧客コミュニケーションを行っています。本書が読者の皆さんのより良いコミュニケーションのための工夫のヒントとなれば幸いです。

2023（令和5）年8月

執筆者代表　京野　哲也

CONTENTS

この場面ではこう話す
状況別にみる依頼者対応

第 1 章
依頼者と出会う場面

第 2 章

依頼者の気持ちを受け止める場面

2 既に関係性ができている場合

第 5 章
依頼者から静かに撤退する場面

1 相談だけで終了するケース

2 受任を謝絶するケース

3 受任後に辞任するケース

4 特別なやりとり

第 2 編 困った場面に応用できる 抽出したスキルの再構成

第 1 章
信頼関係構築と受け止めて聞くスキル

第 2 章
クライアントを動かすスキル

第 3 章
弁護士自身と状況をマネジメントするスキル

この場面ではこう話す
状況別にみる依頼者対応

　第1編は、筆者らが経験から気付いたスキルを、具体例によって示すことを主題としています。

　基本的に、甲野弁護士とＡさん（相談者か依頼者）との左右対称による会話→解説の形式としています。

　第1編を拾い読みするだけでも結構ですが、解説中には、第2編の関連セクションをリファーするように努めていますので、より深い理解を目指される方は、第1編と第2編を相互参照しながらお読みください。

依頼者と出会う場面

例　1-1　相談者とファーストコンタクトの場面で

相談者Aが、事前にアポイントを取って甲野弁護士のもとに来所する場面です。

△ 通常の対応例	○ 工夫例
A：山田です。先生、よろしくお願いします。 弁：はい、甲野です、こんにちは。	弁：（Aより先か同時に*¹）ああ*²、山田さん*³、よくいらっしゃいました。*⁴　弁護士の甲野です。*⁵ 今日は暑かったでしょう、暑い中をどうやって来られましたか。*⁶

　通常の対応例も悪くはありませんが、ファーストコンタクトの場面でもより良いコミュニケーションを目指したいものです。工夫例の＊の箇所には、以下のような意図があります。

＊1：こちらから先にコンタクトをするように努めます。

＊2：声を出してコンタクトします。まず名前を呼んでもおかしくないですが、自然に間投詞が出ることもあります。

＊3：コミュニケーションの始まりでは相手の名前をきちんと呼ぶことがよいです。呼ばれた方は、自分に関心を持ってくれているものと安心できます。

＊4：来所してくれたこと自体をねぎらっています（ねぎらい→〔スキル1-4〕152頁）。

＊5：「弁護士の」と自分を説明する方がやや丁寧です。

＊6：ねぎらいと、世間話のきっかけ（アイスブレーク）を兼ねた質問で（→〔スキル1-3〕152頁）、相談者の背景事情の把握につながる発問です（聞く「作業」→〔スキル1-6〕160頁）。

ⒸⓄⓁⓊⓂⓃ 「フンフン」と言わない

　会話の中の相づちや間投詞に決まりがあるわけではありませんが、少なくとも「フン、フン」という応答は人をばかにしているように感じられることがあります(相づち→〔スキル 1-4〕152頁)。随分前のことですが、隣の法律相談の声が漏れ聞こえてくる状況があり、弁護士が早口で「フン、フン。ムリ、ムリ」と言う声が目立って聞こえました。しばらくすると、激怒した相談者が廊下に出て「ばかにされた」と騒ぎ始めた……そんな経験があります。口癖になっている場合は注意するとよいでしょう。

　感覚的にですが、例えば「あ行」の音が明るく前向きな肯定感を生むように感じ[1]、次に「お行」かなと思います。「大丈夫！」「大変でしたね」「そうなんですね」「本当に！」など[2]。もちろん、「いいですね」「素敵ですね」などの言葉も多用されます。

例 1-2　相談者が緊張してなかなか話し出せないとき

　相談者Aは、部屋に入ってきたときから緊張でコチコチになっており、弁護士が「どうぞおかけください」と呼びかけても、「は、は、はい」という様子です。

△ 通常の対応例	○ 工夫例
弁：Aさんですね。楽にしてくださいよ。今日は、どんなご相談ですか。[*1] A：あ、あの……。 弁：緊張しないで結構ですよ。さあ、何にお困りなんでしょうか。 A：……。	弁：Aさん、緊張していらっしゃいますか。[*2] A：は、はい。 弁：弁護士事務所にいらしたのは初めてでいらっしゃいますか。[*3] A：はい。 弁：初めてなんですね。普通の人にとって法律問題に巻き込まれることは一生に一度あるかないかですから、緊張なさるのも無理はないですよ。[*4]

1　歌人東直子さんは、NHKラジオ講座「生きていくための現代短歌」(2022年10月から放送)で、「あ行」は開口音、明るく開放的で力強くひびき、気持ちのよい音と話していました。

2　山口祐二「子どもの気持ちを聴くスキル」47頁には、子どもの話を聴くとき、すごいなあ・驚いたなあなど感嘆の気持ちを表すときに「へ〜」と受けるとリズムよく聞けるとあります(逆に不安にさせるケースの記述もありますが)。

　来所時不安の緊張に配慮する方法です。【通常の対応例】＊1は、ごく普通の問いかけですが、短い発語の中に3つの内容を含めており、緊張している人にとっては、たたみかけられて緊張をますます高める感じがします。また、＊1「楽にしてください」と言われたからといって楽にはならないでしょう[3]。

　【工夫例】＊2「緊張していますか」は、（少し大袈裟ですが）「緊張している」状態を「言語化」して問いの形で「伝え返し」（→〔スキル1-4〕152頁）するものです。このような発語が相談者の応答のきっかけとなり、あるいは相談者自身が緊張していることを自覚することになります[4]。＊3も会話のきっかけをつかむための質問で、＊4は、相談者の陥っている緊張状態は、誰でもそうなる普通のことであることを示しています（ノーマライズ→〔スキル2-1〕161頁）。

> 💬 **実務で使えるこのフレーズ**
>
> ＊4「一生に一度あるかないかですから」

　相談の入口の場面で、相談者が来所時不安の中にあるときは、【通常の対応例】のように用件を急がず、緊張している相談者の状態を肯定的に「受け止める」（→〔スキル1-4〕152頁）よう努めることにより、相談しやすい環境を整えます。

例　1-3　相談の主題は何かを知りたいとき

　弁護士は初対面の相談者の主訴を聞こうとしています。

△ 通常の対応例	○ 工夫例
弁：今日はどんな相談でしょうか。＊1	弁：今、お困りのことは何でしょうか。＊2

　一定のアイスブレーク（→〔例1-1〕14頁）を経た後に相談の主題を把握しますが、聞く際には、できるだけ答えやすい質問の形式・内容を工夫するとよいです。左右の差は僅かですが、＊1の「相談」はやや抽象的⇔＊2の「困っている

3　宇佐美寛『〈論理〉を教える』(明治図書出版、2008)186頁が、岩下修氏の言葉として「Aさせたいなら、Bと言え」を引用していますが、A「話してください」でなく、それをどう言うかを工夫することが必要なのですね。

4　神田橋條治「追補精神科診断面接のコツ」105頁に、緊張していることに気付く余裕すら失っていることがある、とあります。

こと」の方が具体的、＊1は「どんな」形容詞（感情につながりやすい。対象が拡散する方向）⇔＊2は「何」名詞（事物につながりやすい。対象が特定する方向）、という差があります。【通常の対応例】の方は「何をどう答えればいいのか」と考えさせてしまい、【工夫例】の方が思考の対象が特定され話し始めやすい傾向を持ちます。

また、相談者が一方的に過去の事情や気持ちを話し続けるような場合に、いったん止めたうえで（→〔例1-16〕35頁）、相談の主題に戻すために＊2の問いを行う状況も多いでしょう（本例は相談の入口であり、〔例1-16〕は少し進んだ段階です）。

例 1-4 ▶ 相談者に話を始めてほしいとき

アイスブレークの後、相談の主題は分かった段階で、やや緊張している相談者Aに、弁護士は○○の点について「話してもらおう」と考えて話しかけます。

△ 通常の対応例	○ 工夫例
弁：Aさん、○○の点について、どうぞお話ください。＊1	弁：Aさん、○○は、なぜそうなったのでしょうか。聞かせてくださいますか。＊2

【通常の対応例】の言い方が適している場合もありますが、＊1は「指示」（促し）の形式であることから、一般的には相談者の緊張を高めるものなので、【工夫例】＊2のように少し具体的な「問い」（→〔スキル2-3〕165頁）を含んだ、お願いの形式がよいでしょう。

この左右の言葉の差は小手先（口先）のものに過ぎませんが、左側の向こうには「フンフン、それで？」という世界が、右側には弁護士が積極的に聞こうとしている世界があります。聞く側に「聞きたい、知りたい」という興味があれば自然と質問が弾むはずです。質問が弾めば相談者の側に、ここで話したいという意欲が湧いてくる関係になります。

筆者の若い頃を振り返ると、「限られた時間内に効率的に事実を語ってもらいたい」と考えて話を促そうとしていましたが、そのためには当方がどういう心持ちでどのように言えばよいか工夫が必要だったと思います。今は、話が弾めば、結果的に短時間で必要な事実が分かることになると感じます。もちろん、相談者

がしゃべりすぎる場合にはその人に合った対応の仕方を考えます（→〔例1-16〕35頁）。

例　1-5 ▶ 相談内容が難しいときの相づちの打ち方

相談者Aの相談内容はちょっと深刻で、かつ、解決が困難そうです。

△ 通常の対応例	○ 工夫例
弁：それは困りましたね。	弁：それはお困りでしょう。

【通常の対応例】では、弁護士自身が困っている感じが表現され、プロフェッショナルとして頼りない感じを与えてしまうおそれがあります。【工夫例】は言葉にすればわずかな違いですが、冷静な態度とプロとしての自信に裏打ちされた言葉なので、信頼関係を築く土台になるでしょう。

例　1-6 ▶ 相談者が「先生」と言いにくそうにしているとき

初対面の際、相談者の山田さんには、「先生」と呼ぶことに抵抗感を持っている、あるいは先生と言い慣れていない雰囲気が感じられました。

△ 通常の対応例	○ 工夫例
A：山田です。甲野、せ、先生とお呼びした方がいいんですよね。 弁：いえ。さん付けで構いませんよ。＊1	（同左） 弁：ああ山田さん、よかったら「甲野さん」と呼んでください。よろしくお願いします。＊2

【通常の対応例】　＊1「構いませんよ」は少し横柄でしょう。弁護士の方が許諾を与える立場になってしまいます。

また細かい点ながら、＊1「いえ」と否定語を使っていますが、言葉の内容としては正しいものの、否定して終わりという感じがします。このような場合、文法にかかわらず「はい」でもよいと思います（「あ」行の音→〔例1-1〕COLUMN 15頁）。形式面でも否定語を避けた方がよりよいでしょう（言い方→〔スキル2-4〕

166頁)。【工夫例】＊2では、穏やかなトーンで「ああ」(そんなことを気にしていらしたのですか)と言い、積極的に「さん」と呼んでほしい、と言うことにより、相談者の安心感を増しています。

一方で、「先生」には専門家に対する信頼あるいは期待を自然に表現している場合もあり(患者として白衣を着た医者の診察を受けている状況など想定)、使用されることに目くじらを立てることではありません[5]。

COLUMN 相談者が「〜さん」と呼びやすいように

筆者(京野)は、メールの定型署名に"「京野さん」とお呼びください"と入れてあります。経験上、弁護士を「先生」と呼ぶことに抵抗感を持つ人はかなりいて、例えば対面しているのに相談者が「甲野弁護士」と言うのは、「甲野先生」も「甲野さん」も呼びにくいと感じているからではないでしょうか。対面の場合、最初の機会に「よろしければ『甲野さん』と呼んでください」と言うのもよいでしょう。

COLUMN 「当職」は敷居を高めてしまう

弁護士は、「当職」という呼称を用いることが慣例的にあります。しかし、少なくとも依頼者(相手方でも非法律家の場合には)との間では「当職」を用いる必要はなく、「当職」や「小職」などの官僚的な言葉は無用に敷居を高くし反発を感じさせるものですから、特別な目的[6]がある場合を除いて、使用しない方がよいでしょう。「私」と書くのが自然です。また、法律家でない人向けの書面では「等」などの官僚的用語も避けるようにしたいものです[7]。

例 1-7 「時間は十分ありますか？」と言われたとき(1)

紹介により初めて相談に来所した相談者Aは、たっぷりと時間をかけて聞いてほしいという気持ちを表しています。弁護士の方は外出や来客の予定はないものの、期限の迫った準備書面の仕事に戻りたい、という気持ちを持っています。

---

5 カウンセリングでは、クライアントが専門家を「勾配関係」の上位に置きクライアントはワンダウンの位置を取る、などといわれることもあるようです。しかし、弁護士はクライアントから付託された仕事を遂行することが本務なので、上下関係(勾配関係)を必然的に含むわけではないと考えます。
6 例えば依頼者から途中解任された後に、事後処理のため事務的に連絡する場合においても、「当職」は使わない方がよいでしょう。
7 「クロスレファレンス民事実務講義」§2-2も参照してください。

△ 通常の対応例	○ 工夫例
A：○○さんの紹介で参りました。よろしくお願いします。先生、お時間は大丈夫でしょうか。	（同左）
弁：まあ、大丈夫ですけど、お話の内容によりますので、どうぞ話してみてください。＊1	弁：大丈夫ですよ。しっかりお聞きしますので。今、何にお困りでしょうか。＊2

　初対面ですが紹介による相談で、時間の設定などの「構造化」（次例〔例1-8〕）に注意する必要がないと判断した場合の設例です。

　相談者は問題の渦中にあるので、相談内容を理解して解決の処方をもらうためにはかなり長い時間がかかるものと想定していることが多いですが（「2時間くらい大丈夫ですか」と聞かれる経験が多々あります）、弁護士の立場からみると短時間で必要十分な応答が可能なことが多いものです。そうかといって最初に時間を明示すると、相談者としては自分の想定した時間を「区切られた」と感じ、落ち着いて説明ができず、話し足りないと感じられることがあるでしょう（説明が不十分だったから、回答内容も不十分なものになったのではないかと不安を持つこともあります）。

　もちろん、結果的に収まればいいのですから、冒頭ではあえて時間を明示しない応対もありうるところです。ただ、【通常の対応例】＊1では、「大丈夫」の語の前に「まあ」、後に「けど」が付いて、むしろ大丈夫ではないというニュアンスを表してしまっています。これでは相談者は落ち着かないでしょう。

　【工夫例】＊2では、まず、時間の心配をしないで大丈夫という安心感を持ってもらうようにし、続けて、単刀直入に相談者の主訴をつかむための質問をしています。

> ┅┅┅┅ 実務で使えるこのフレーズ
>
> ＊2「今、何にお困りでしょうか」

　一般に、相談者はかなり過去の事柄から話し始め、なかなか現時点での主訴にたどり着かないことが多いことから、どこかの時点で「今、困っていること」に焦点を当てて相談をリードするようにしますが、相談の冒頭からこの問いを行う

かどうかはケースバイケースです（一定の世間話＝アイスブレークは必要でしょう）。このケースでは相談「時間」に相談者の関心があると考えて、「大丈夫か」と聞かれたことを利用して、大丈夫と請け合ったうえで単刀直入に問うてみた例になります（聞く言葉は→〔例1-3〕16頁も参照）。

例　1-8　「時間は十分ありますか？」と言われたとき（2）

　紹介により初めて相談に来所する相談者Aは、来所のアポイントを設定する際に非常識な日時を当然のように要求するなど、甲野弁護士としては少し懸念を抱くところがありました。事前にメールで、「初回の相談は1時間以内で相談料○○円」と伝えてはいます。

△ 通常の対応例	○ 工夫例
A：今日はよろしくお願いします。メールで1時間となってましたけど、結構複雑な問題なんです。1時間やそこらで大丈夫でしょうか。	（同左）
弁：まあ、お聞きしてみなければ分かりませんから、とりあえず内容に入りましょう。どんなご相談でしょうか。＊1	弁：それはご相談の内容次第ですから、必要になったら継続相談など適切に対応させていただきます。どうぞ今一番困っていることをお話しいただけますでしょうか。＊2

　一定の「構造化」（→〔スキル1-2〕（ⅱ）148頁）が必要と感じた場合の、ごく初期的な対応です。【通常の対応例】＊1も悪くはありませんが、「とりあえず」内容に入ることは、面談の構造が曖昧なまま始めることになるので、1時間に収まらない場合に（継続相談を約束するにしても）ギクシャクするおそれがあります。その点、【工夫例】＊2では面談を始める前に継続相談の可能性＝今は設定した1時間が限度であること＝を明示し、かつ短時間で切り捨てることはないことを示して安心確保を目指しています。これは、構造化のごく一部で、かつその明確性が高くはないですが、この設例ではあまり明確に設定しようとするとそのこと自体で議論になってしまう可能性もあるでしょうから、【工夫例】の程度ではど

うでしょうか。

　時間は相談者にとっても弁護士にとっても貴重で、かつその主観的な長さや価値は様々です。結果的に比較的短時間で収まればよいのですから、面談開始前に無益な議論や対立を生じないようにしつつ必要な限度での構造化を考えるとよいと思います。

例　1-9　「お若いですね。弁護士何年目ですか？」と言われたとき

　紹介により初めて離婚の相談に来所した相談者Ａは、アイスブレークの会話が終わるか終わらないうちに、弁護士になって何年目か尋ねました。甲野弁護士は登録２年目です。

△ 通常の対応例	○ 工夫例
Ａ：先生、お若く見えますね。弁護士になって何年目ですか。 弁：……２年目ですが。 Ａ：離婚の裁判のご経験はおありなのですか？ 弁：（実際は一件だけ）もちろんありますよ。	（同左） 弁：Ａさん、鋭い質問ですね。何年目に見えますか？*1 Ａ：ええっと、2、3年くらいですかね。 弁：いいセンですね！　Ａさんは、経験年数だけは多いが動きの遅いベテランとフットワークのいい若手と、どちらに相談したいと思われますか？*2

　色々な相談者の中で、本例が、最初に弁護士を（外見で）値踏みしようという人だとすると、値踏みされる側としてはあまり好感は覚えないでしょう。しかし、相談者にとって相談を託す弁護士がどのような人か（信頼して相談してよいのか）不安に思うことは当然であり（来所時不安の一つの表れです）、その不安を受け止めて、切り返す対応ができればベターです。

　【通常の対応例】の対応はごく常識的で悪くありませんが、Ａのペースに乗って正直に答えているだけなので、少し頼りなさが漂います。

　【工夫例】＊1は、まずＡの質問を「讃え」たうえで（讃える→〔スキル1-4〕（ⅴ）

156頁）、答えにくい問いには「問いで答える」スキルを使っています（「問い」→〔スキル2-3〕(i) 164頁、個人情報を聞かれた場合→〔スキル1-4〕(viii) 156頁）。そして、＊2は、積極的に甲野弁護士の強みを「比較」のレトリックを使ってアピールしています（レトリック→〔スキル2-4〕(vi) 168頁）。この問いに対するAの応答によりAの指向もかなり分かってくるでしょう（多くの場合、少し苦笑しつつも頼もしく感じて相談を始めるのではないでしょうか）。一般に弁護士としての経験が少ないことに相談者は不安を持ちますが、目の前の弁護士がきびきびと臨機応変に応答してくれれば、経験よりも若々しい働きの価値に視点が動くことでしょう。

　登録後間もない時期は、経験年数はあまり聞かれたくないと思いますが、そのよくある問いに対し何でもよいので、強みをアピールできるとよいでしょう。本例では、若手のフットワークのよさを強みとしましたが、例えば、社会人経験が長いとか、ユーザーの立場で家事事件を経験したとか、大学でたくさん判例研究をしたとか、司法修習中に離婚に強い事務所や家裁で多くの事件を経験したとか（記録を読んだだけでも経験の一種です）、何か見出せると思います。

　【工夫例】は、悪く言うと答えをはぐらかしているわけですが、1年目だろうが3年目だろうが正確に答えることに意味がある状況ではなく、「頼もしそうだ」と感じてもらえれば、相談者は安心して相談に入れて、それは結果的に相談者のためになることです。普段から、安心感を高めるトークをいくつか準備しておくとよいでしょう。

例　1-10　予約電話で法律相談時の第三者の同席を求められたとき

　Aから法律相談予約の電話があり、「浮気されたので夫に慰謝料請求をしたい」とのことで、その際、Aから「友人と母を法律相談の場に同席させたい」との要望がありました。以下、電話でのやりとりです（Aが成人であることは確認済み）。

△ 通常の対応例	○ 工夫例
弁：申し訳ないですが、弁護士との法律相談の場では原則として相談者以外の他人を同席させることはできないんですよ。＊1	弁：ちょっとご事情を教えていただけますか。まずご友人の方とはどんな関係でしょうか。＊3 A：中学校から同じ学校に通っている親

Ａ：友人にも母にも、既に夫の浮気のことについて話をしているので問題ないです。それに当の本人である私がいいって言っているんですから大丈夫じゃないですか。

弁：そうは言っても、弁護士はご本人のみの意思を尊重しなければならなくて、それに他人の影響を受けるおそれもありますから。＊２

Ａ：他人、他人ってひどいことをおっしゃるんですね。友人も母も私にとっては大事な味方なんです……。（電話切る）

友です。

弁：そうなんですね。ご友人には今回の件について既に相談して事情はよくご存じなんでしょうか。＊４

Ａ：浮気が発覚してからずっと私の相談に乗ってもらっていました。心細いので、相談の席に同席してほしいんです。

弁：そうなんですね。お母様についても相談なさっていたということですか。＊５

Ａ：そうです。弁護士費用については母が払ってくれるので「相談に同席したい」と言っています。

弁：ご事情は分かりました。結構ですが、専門職である弁護士は、あくまでも相談者であるＡさんご本人の相談を受けるものなので、お話の内容によっては同席をご遠慮いただくとか、改めてＡさんお一人で面談させていただくとか、そんなことがあるかもしれませんが、その点はよろしいでしょうか。＊６

Ａ：はい。

弁：それでよろしければ相談の予約を入れさせていただきます。

　法律相談の際、相談者以外の第三者が同席しようとすることはよくあります。
　その際、【通常の対応例】＊１、＊２の説明内容は間違っていませんが、言い方やタイミングがいかにも硬直的で、相談者を怒らせたり、悲しませることになってしまいます。特に＊２「他人」は、Ａが頼りにしている味方を疎外する言葉になってしまっています。

　【工夫例】＊３は第三者との関係を聞くことにより、同席に問題なさそうかどうか確認しています。＊４、＊５では、「そうなんですね」と受け止めつつ、第三者はＡから相談を受けており、Ａのプライベートな事情を既に知っていることを確認しています。つまり、Ａのプライバシーに関わる内容が、法律相談で初めて第三者に開示されることによるトラブルが発生する可能性が低いことを確認しているのです（この点、次例〔例1-11〕も参照。もちろん、より慎重に確認した方がよい場合もあるでしょう）。

　確認を終えた後に、【工夫例】＊６で、弁護士はあくまでも本人本位であること、事情によっては第三者の退席を求めたり、１対１での面談の必要性が生じる可能性があることを説明しています。この際、言葉として「退席」でなく、「ご遠慮いただく」、また「お話の内容によっては～かもしれませんが」というような柔らかな言い方、「専門職である弁護士は」と説得力を加える言い方などが参考になると思います。また、相談者自身が第三者に聞かれたくないと思う事柄が生じた場合には、弁護士はその意思を尊重して改めて１対１での面談の機会を設ける意向があることを伝えることもよいかもしれません。ともかくも弁護士は「本人」の意思を尊重することを強調しておくことが肝要でしょう。

　本例は、事前に本人が同席を明確に希望し、その第三者との関係性に問題がないことが確認できた場合ですが、事前に相談がなく、第三者と共に面談の場に現れる場合も少なくなく、その場合は若干話し方が難しくなります（→次例〔例1-11〕）。

例 1-11 法律相談に相談者が第三者と共に来所したとき（1）

　前問と同じく浮気をされた問題を抱えるＡが、前例〔例1-10〕と異なり、事前の話なく、友人・母親と共に来所して、事務職員は面談室に３人を通しました。弁護士が部屋に入ると３名が座っており、弁護士は少し慌てて、「原則第三者を同席させるべきでない」ということをどう伝えたらよいか、よく分からない状態です。

△ 通常の対応例	○ 工夫例
	（Ａが誰であるかを確認しＡに話しかける）
弁：あ……Ａさんお一人でいらっしゃる	弁：Ａさん、よくおいでいただきました。

25

と思っていたんですが、どなたでしょうか。*1

友人B：こちらはお母さん、私は友人です。今日はAさんに付き添ってきました。

弁：申し訳ないですが、弁護士との法律相談の場では原則として相談者以外の他人を同席させることはできないんですよ。*2

A・B：え、そんなことってあるんですか。

弁：はい。弁護士は本人の意向を尊重し、本人だけの意思に基づいて相談を受けなければならないんです。*3

A：そんな、私のことを心配して忙しいところを来てくれたのに……（冷たいんですね）。

Aさん、すみませんが、どういった関係の方かご紹介いただけますか。*4

A：友人と母です。今日は一緒に相談させてください。

弁：そうなんですね。お二人ともAさんから詳しく相談を受けてらっしゃるのですか。*5

友人B：はい、Aさんから詳しく相談を受けてます。私は……（事情を話し出しそうになる）。

弁：すみません、ちょっと待ってくださいね。弁護士は、あくまでも相談者であるAさんご本人の相談を受けるので、Aさんのご意向を確認させてください。Aさん、今日のご相談はお友達とお母さまに同席してほしいというご希望でいらっしゃるのでしょうか。*6

A：もちろんです。私からお願いしたのです。

弁：そうでしたら分かりました。

　第三者同席は、一般的に、（i）本人に不当な影響を与える可能性や、（ii）本人のプライベートな事情についての弁護士とのやりとりを第三者が聞いてしまった事を本人が（後になって）後悔するなど不都合な事態になる可能性が伏在します。（ii）の点については、法律相談では弁護士が質問して事実を掘り下げて聞く必要が生じることから、本人が事前に第三者に相談した範囲を超えて、第三者には知られたくない事実が話題になる可能性が小さいとはいえないでしょう。そこで、可及的に避けるべきものですが、一方で本人が第三者を頼りにしていることも多く、杓子定規な対応も問題があるので、本例のようにまずは第三者同席の状態で基本的な説明と本人の意思を確認することが適する場合が多いと思います。

【通常の対応例】＊1では誰に向けて話しているのか不明確で、その場をコントロールできていない感があります。そのせいか友人Bの発言に対する＊2の説明は紋切り型で堅い説明になっています。＊3も内容的には正しい説明ですが、相談者の気持ちに沿わない方向に行ってしまい、修復が難しくなりそうな展開です。

【工夫例】はA本人に話しかけるためにまずAが誰かを確認して、＊4で、来所へのお礼を述べたうえで（受け止め→〔スキル1-4〕(i)152頁）、本人に向けて「紹介してほしい」と水を向けています。＊5は前例〔例1-10〕の＊4同様に既に相談を受けていることを確認しています。＊6で、第三者の発言を遮りつつ同席が本人の希望によることを本人に確認しています。

ここまでのやりとりで、今回の相談は一応同席のままで進めて構わないと考えられたとして、次のように対応することが考えられます。

その後の展開例
弁：ちょっと、堅苦しくて申し訳ありませんが、面談記録に残しておく必要があるので、それぞれお名前を教えていただけますか。＊7 （友人・母親の氏名を聞いて書き留める） 弁：ありがとうございます。相談に入る前に、少しAさんにお伝えしておきたいのですが、専門職である弁護士は、あくまでも相談者であるAさんご本人の相談を受けるものなので、お話の内容によっては、改めてAさんお一人での面談をさせていただく機会を設けるとか、そんなことがあるかもしれませんが、その点はよろしいでしょうか。＊8

＊7で氏名を聞いて記録に残します。弁護士が「本人」にこだわることを示す意味もあり、ある程度やりとりが堅苦しくなることはやむをえないところです。＊8は前例の＊6と同趣旨ですが、本例では、第三者の同席に大きな問題はなさそうであることが一応判断できたものとして、前例とは異なり、退席の可能性までは説明していません。ケースによっては、ここで退席を求める可能性まで説明し、了解を得たうえで相談に入る方がよいこともあるでしょう。

例 1-12 ▶ 法律相談に相談者が第三者と共に来所したとき（2）

相談者Aは、Cと婚姻関係にあるBと不貞行為をしています。AはCの代理人

から損害賠償請求をされたので対応を相談したいということです。AはBを伴って来所しました。

△ 通常の対応例	○ 工夫例
弁：あ……Aさんお一人でいらっしゃると思っていたんですが、Bさん同席で相談されたいのですか。*¹ A：はい。私たちはCの弁護士からの要求に相談しながら対応しています。意見が一致しているので一緒に相談させてください。 弁：意見の対立がないのでしたら、とりあえずは一緒にお聞きしましょう。*² A・B：ぜひ、一緒にお願いします。	弁：相談に入る前に、少しAさんにお話ししておきたいのですが、専門職である弁護士は、あくまでも相談者であるAさんだけから相談を受けるものなので、お二人一緒にお話を伺うことはちょっとやりにくいのですが。*³ A：私たちはCの弁護士からの要求に相談しながら対応しています。私は全面的にBさんを頼りにしているので、サポート役ということで同席させてください。 弁：Aさん、こうやってAさんとBさんの両方にお会いしてしまうと、今後、少しでもお考えにズレが生じた場合に、どちらにも味方することができなくなってしまいます。そうかといってその時点で辞任すればいいという話ではないと、私は思いますので、最初からお一人で別の弁護士に相談なさるのがいいと思います。*⁴ A：そんな、私たちは全く一致してるんです。 弁：私もそう思いますよ。ただ、ここは弁護士によって色々な考え方があるのですが、私は依頼を受ける以上

は100%その依頼者のために闘います。ですからほんの少しでもお二人の間に意見のズレが生じることがもしあったら、私は仕事ができなくなってしまうのです。＊5

どうかお気を悪くされないでください。私の弁護士としてのポリシーなんです。＊6

今は二人の意見が一致していても、このようなケースではまず間違いなく将来どこかの時点で意見対立が生じるでしょう。

弁護士職務基本規程には両者の受任をする場合の規律があります（32条・受任前の不利益事項の説明、42条・受任後に利害対立が生じた場合の措置）。A一人だけの受任をした場合であっても、もし二人の利害が対立するおそれが生じたら、速やかに適切な対処をすべきものと考えられます。その際に、（依頼者ではないにしても）相談や連絡を受けていたBから聞いた話をAに開示することや、Bに関する事情を知りつつAにアドバイスすることに問題はないでしょうか。また、Bからの問い合わせに対し、Aから聞いた話を開示することはできず、そうかといってBに対し何も説明しないと、依頼者ではないにしても相談を受けてきたBの不信感を増幅させます。いずれも明確な規程違反とはいえませんが、AからもBからも不信感を向けられるという困った状況になり、翻って最初の段階での説明や対応が問題とされる可能性があります。ですから、筆者は本例のような場合には【工夫例】のように、二人ともに最初から相談を謝絶してきました（第三者Bの同席を断ってAのみから相談を受ける選択肢はありうると思います）。

このような観点からは、【通常の対応例】＊1のように聞くと、第三者Bの同席を断りにくくなり、＊2のように不用意に二人の話を聞くと上記のような問題が生じる可能性があります。

【工夫例】では、誰がAと共に来所したのかを把握した瞬間に謝絶することを決めて話しています。＊3では相談者以外の人と一緒に相談を受けることが難しい原則を説明しています。＊4では、Bとも一度会って話を聞く以上（Bを積極的に相談者にするわけではないものの）、将来意見相違が生じる場合に辞任せざる

をえないこと、そして、辞任すれば済むものではないと弁護士が考えていること（わたしメッセージ→〔スキル2-4〕(iv)167頁）を理由に謝絶しようとしています。そして、＊5は、理屈としてはやや不完全になりますが、相談者・依頼者が誰になるのかということ（Bもあたるのか）をあえて突き詰めないで、相談内容に入る前に謝絶しようとするものです。＊6「私のポリシー」は、謝絶する場合の話し方→〔例5-2-2〕(131頁)と共通し、理屈ではなく姿勢を示すものです。

　なお、A一人の委任を受けるだけなら、依頼者Aのために100％闘ってもらえばよいのだからA・B間に意見相違が生じても構わないではないか、というように分析的に問われたら、前段で説明したように「Bとも一度会って話を聞く以上」そうはいきませんと説明することになるでしょう。筆者の経験では＊5、＊6の説明で足り、トラブルになったことはありません。

例 1-13 ▶ 「録音させてほしい」と言われたとき

　交通事故の被害者Aが法律相談に来所しました。本人確認の後、法律相談を開始しようとしたところ、開口一番「相談の内容を録音させてください」と言われました。

△ 通常の対応例	○ 工夫例
弁：申し訳ないです。録音はご遠慮いただいております。	
A：相談料を払うのですから、いいじゃないですか。備忘のためにも必要なんです。	（同左）
弁：録音したものを何にお使いになるのか分かりませんので……。＊1	弁：この法律相談は録音なしで口頭でのざっくばらんなやりとりを前提としております。＊2
A：私のことが信用できないっていうんですか！	なんでもそうだと思うんですけど、正確に記録を残す場合と口頭でのざっくばらんなやりとりとでは、違いがありますよね。＊3
	大事な点は、お帰りになる前に一

緒に再確認しますから、重要なこと
を聞き忘れるとか心配されなくて
結構ですよ。＊4

　【通常の対応例】＊1は、相談者を信用していないことを示すもので、断る理由の説明の仕方に問題があります。

　法律相談の内容を録音されるとなると、①相手方に弁護士の声を聞かせて交渉のツールとされるおそれ、②ある部分だけを再生して一般的見解として他の場面で使用されるおそれ、③その他音声を編集して何らかの目的に使用されるおそれなど、大きなリスクを伴います。

　そこで録音を謝絶する話し方ですが、この【工夫例】では「相談料を支払うのだから録音を許すべきだ」との主張に対し、録音は口頭での相談のやりとりを超えて音声データを提供することになることを理由としています。＊2、＊3では、この趣旨を「口頭でのざっくばらんなやりとり」と対比して柔らかく示しています。音声データを提供することは、法律鑑定書を作成するのと同等に事前準備も必要となって通常の法律相談の対価を超えると説明する方法もあるでしょう。

　一方、断るだけでは、「相談内容を正確に持ち帰りたい」というニーズに応えてくれないという不安(不満)を感じることでしょう。そのニーズに応えるため、＊4では「お帰りになる前に」と期限を明示して、重要な点を再確認するとの約束をしています。

> 💬 実務で使えるこのフレーズ
>
> ＊4 「お帰りになる前に」

　重要な事項を確認してもらう方法としては、相談を受けながら弁護士がホワイトボードに重要な事柄を書き込み、書き込んだ状態のホワイトボードを「写真撮影して持ち帰ってください」と案内する方法などが考えられます(視覚化→〔スキル2-5〕(ⅱ)171頁)。

例 1-14　弁護士の知識不足で自信がないとき

　一回限りの法律相談で、相談者Aの質問に対し一応の回答とアドバイスをし

ました。おそらく今の答えでよいでしょうが、知らない判例や思わぬ知識の漏れがあるかもしれず、完全には自信がありません。今、時間をとって調べることは適切でなく（調査資料がない、次の人が待っている等）、その論点について、今の認識と異なる情報があった場合にはアドバイス内容を変更すべき可能性があるものの、特に影響を与える情報がない場合には今回の回答とアドバイスに問題がない状況です。

△ 通常の対応例	○ 工夫例
弁：以上のとおりですが……少し、分からない点があるので、本当にそれでよいか、後で調べて連絡します。連絡先を教えていただけますか。	弁：以上のとおりです。ただ、Aさんのケースに関係する最近の判例などがあるかもしれませんから*1、調べてもし何かあったらご連絡しますので、念のため連絡できる方法を教えていただいてよろしいでしょうか。問題なければ連絡はしません。おそらく連絡しないで済むと思います。

　当然ながらどんな法律相談についても即答できるようにしておくことが望ましいのですが、実際上このようなケースは結構ありえます。本例の条件を満たすようなケースで後に直接連絡を取ることが可能な相談態様の場合には、一応の回答をしたうえで連絡先を聞いておくこともあります。

　【通常の対応例】の話し方では結論を全体的に留保しているので、相談者は不安感や不充足感を持つかもしれません。【工夫例】のように、一応の結論を語ったうえで、後に連絡する可能性を留保しておく方が不安度は低いでしょう。

> .... 実務で使えるこのフレーズ
>
> ＊1 「Aさんのケースに関係する最近の判例」

　【工夫例】＊1は、細かいニュアンスながら、相談者は自分のことについて弁護士が関心を持ってくれているという安心感を持ちます。次のCOLUMNの（ⅱ）の方向を取った場合です。

```
╔═══════════════════════════════════════════════════════════╗
  𝗖𝗢𝗟𝗨𝗠𝗡  一般論か特別な「あなたの案件」か

  事案により人により、どちらの方向で話すのがよいか、差異があると思います。

  (ⅰ)一般論にした方がよい場合：「最近よくある事件ですよ」

    (だから弁護士は手慣れている、他の人もみんな経験している事件だから心
     配しないで)

  (ⅱ)あなたを特別にした方がよい場合：「あなたの案件の場合、結構特別な
     事案ですから、しっかり対応していきましょう」

    (あなたのために特別にしっかり気をつけていきます)　トレーナーなどか
     ら「あなた専用のレシピにしました」と言われれば特別に効くような気
     がするものですよね。
╚═══════════════════════════════════════════════════════════╝
```

例　1-15　「生き死に」に関わる相続相談のとき(聞き取る場面)

　初対面の相談者Aについて、予め相談したいテーマが「相続に関する問題」ということだけが分かっている状況です。

△ 通常の対応例	○ 工夫例
弁：相続に関するご相談ということですが、どなたの件でしょうか。	弁：相続に関するご相談ということですが、どういったことがご心配なのでしょうか。[*5]
A：92歳になる母親のことなんですが、今年の3月です、入所していた「ひだまりの里」で。	A：92歳になる母親のことなんですが、今年の3月です、入所していた「ひだまりの里」で。
弁：お亡くなりになったんですか。[*1]	弁：(うなずき)はい、どうされましたか。
A：いえ、施設で転んでしまって入院したんです。	A：施設で転んでしまって入院したんです。
弁：(早まった)今は入院中なんですね。	弁：それは大変でしたね。お母さま大丈夫でいらっしゃいますか。[*6]
A：はい。	A：はい、おかげさまで頭ははっきりしていて寝たきりとかにはなっていないのですけど、なにぶん歳ですから色々機能は弱ってきまして。
弁：それで、相続というのは、どなたの相続なんですか。[*2]	
A：母が入院したままで……将来どうなってしまうかと思って。	
弁：つまり、お母さまが亡くなったとき	

に相続がどうなるかというご心配なんですね。*3

A：まあ、そういうことですが……。

弁：（それを早く言ってくれれば）では、お母さまが亡くなった場合の法定相続人はあなたのほか、どなたになりますか。*4

A：ホウテイソウゾクニン、ですか。

弁：その時点ではお母さまは亡くなってますよね。*4

A：はい

弁：お母さまから見て、子どもは何人ですか。

A：2人です。

弁：あなたと。

A：妹がいます。

弁：分かりました。では、お母さまが亡くなった場合の相続の何についてお聞きになりたいのでしょうか。*4

弁：そのお歳でご立派ですね。面会に行かれるAさんも大変なんじゃないですか。*7

A：そうなんですよ。

弁：Aさんのほかに、面会に行かれるごきょうだいとかご親戚の方はいらっしゃるのですか。*8

A：（略……推定相続人はAとその妹で、妹に対する不信から将来の相続の際のことが心配といった内容を語る）

弁：そうですか。では、お母さまが万一の際に、妹さんにも2分の1の権利があるか、といったことが気にかかってらっしゃるということですね。*9

　相続は、やや大袈裟に言えば人の「生き死に」に関わる事柄ですから、相談者からの発言を待ち、相談者が肉親の死についてどのような感情を持っているかなどを、確かめながら話すことに留意するとよいでしょう。

　【通常の対応例】＊1相続の相談だという思い込みから、相談者の話を聞く前に予断を示して（しかも相談者の母の死亡という事実を）しまいました。＊2理詰めの質問で焦点を絞ろうとしています。しかし、早い時間帯から急ぐと相談者は圧迫感を覚えるかもしれません。＊3大切な人の「死」や「亡くなる」というストレートな言葉は、相談者からの発言を待ち、弁護士から先に口にすることは避けた方がよいでしょう。＊4では弁護士の質問攻めのようになって、会話がかみ合わず、かえって聞きたい場所までスムーズにたどり着かないようです。

【工夫例】＊5最初の質問の仕方は【通常の対応例】と比べて柔らかだと思います。＊6相談のうち早い時間帯では質問を急がず、まずは「受け止め」て、次に、相談者の関係者の「安否確認」をしています[8]。

> 💬 **実務で使えるこのフレーズ**
>
> ＊6「それは大変でしたね。お母さま大丈夫でいらっしゃいますか」

ご存命か、要介護の状況など「背景事情」（→〔スキル1-6〕160頁）を聞き出すきっかけとなる質問になります。

＊7では相談者の母親を持ち上げ、面会に通っているであろう相談者に共感を示しつつ「背景事情」を尋ねる質問をして、＊8の質問につなげています。面会に誰が行っているか、は相続紛争に特徴的な事情の一つになります。

> 💬 **実務で使えるこのフレーズ**
>
> ＊9「お母さまが『万一の際に』」

＊9相談者自身や大切な人の「相続」すなわち死ぬことは、「忌み言葉」の一種ですから、「万一のときは」という「言い換え言葉」（→〔スキル2-4〕(ⅷ)170頁）が使われることがよくあります。もちろん通常は「相続ということになったとき」などの表現で問題ありませんが、相談者の言葉の使い方を確認しながら無難な言い方を工夫するとよいでしょう。ちなみに【通常の対応例】の弁護士は短いやりとりの中で5回「亡くなる」と言っています。

例 1-16　相談者の話を遮りたいとき(聞き取る場面で)

相談者Aの話は、周辺事情や自分の感情に偏りがちで、話の要領を得ません。弁護士は少しイライラして、遮ろうとしています。

8　藤井薫『終活・遺言・相談　法律相談の準備と工夫』（日本加除出版、2021)1 頁では、阪神・淡路大震災後に被災地で行われた緊急法律相談で、まず安否確認を行うことを学んだというエピソードを紹介しています。

△ 通常の対応例	○ 工夫例
弁：ちょっと待ってください。お気持ちは後でお聞きしますから、ここでは私から聞かれたこと、事実だけ話してください。いいですか、この件で書面でのやりとりはあったのですか、なかったのですか。	弁：Aさん、お話しいただきありがとうございます。*1 　そこは大事なところですから*2、ちょっと私から質問させてください。この件で書面でのやりとりはあったのでしょうか、なかったのでしょうか。*3

　【通常の対応例】はよくある例です。「聞かれたことだけ」「事実だけ」話してほしいわけですが、そうしてもらうためには、いったん「遮る」「止める」（→〔スキル1-6〕160頁）スキルも必要だと感じます（Bをしてほしいときに「Bしてください」と言えばよいわけではありません）。自分の話を他人から中断される（介入される）と自然な感情として抵抗感を覚えるでしょう。そこで、抵抗を和らげる言葉*1をまず入れています。聞く弁護士が、話す相談者を「受け止め」ていることを示す言葉です。

> ….… 実務で使えるこのフレーズ
>
> ＊1 「お話しいただきありがとうございます」

　これは「お礼」の言葉ですが（→〔スキル1-4〕(v) 156頁）、お礼の要素をより具体化する言葉があるとよりよいです。例えば「複雑なお話をよく思い出していただいて助かります」、「他人に話すことは大変だと思いますが、とてもよく話してくださってありがたいです」など、いくつかパターンを用意しておくとよいでしょう。

　次には、弁護士の方から聞くべき内容に入るわけですが、その際に相談者の注意を引きつけるため、＊2のように話を遮る理由を述べるとよいでしょう（介入の正当性を説明していることにもなります）。

> ….… 実務で使えるこのフレーズ
>
> ＊2 「そこは大事なところですから」

　Aさんにとって大事なところ（ポイント）だから、気持ちを集中して弁護士からの質問に答えてください、という趣旨の提案（→〔スキル2-2〕（ⅲ）163頁）を、指示の形を取らないで理由を付して言い換えていることになります[9]。

　＊3の質問は、ある程度相談が進んだ状況で、ピンポイントでの事実確認のための問いです。

例 1-17　「被告」「尋問」という言葉の使用を避けたいとき

争点整理手続の終盤。依頼者Aとの打ち合わせでの会話です。

△ 通常の対応例	○ 工夫例
弁：今回の期日で大体の主張整理が終わりましたから、次に証人尋問となりますので。	弁：今回の期日までで、準備書面のやりとりが大体終わりましたので、これからは証拠調べの手続になっていきます。
A：ショウニン……ですか。	A：どんなことをやるんですか。
弁：はい。準備書面のやりとりが終わって争点が絞られてきたので、次は証拠調べとして、法廷で証人尋問手続が行われるんです。	弁：テレビの法廷ドラマで証言しているシーンがありますよね。実際にはあんな劇的なことはなくて、こじんまりと少人数でやるんですが、ただ、一回はAさんにも事実を証言していただきたいので、よろしくお願いします。＊2
A：私も出なければいけないのですか。	A：大丈夫ですかね。
弁：受任のときにお話ししたとおりですが、Aさんは被告ですから、正確には当事者尋問と言いますが、こちらの言い分を裁判官に分かってもらうためには、Aさんに尋問手続に出頭していただくことが必要なんです。	弁：Aさんなら大丈夫ですよ。誰でも緊張されますけど、まずは私から質問しますので、質問に答えていただければ大丈夫です。＊3
A：当然勝ってほしいけど、弁護士さんにお任せしたので、もう面倒なことはないのかと思ってたんですけど。	A：事前に打ち合わせはできるんでしょうね。
弁：いえいえ、事実を知ってらっしゃる	

9　中村真「新版法律相談入門」71頁は、「やんわりと遮るテクニック」として、「なるほど、今言われたことに若干関係してくるのですが」、「よくわかります。そういえば、今お聞きしていて気になったのですが」と言って誘導していく例を挙げており、配慮の例として参考になります。

37

のはAさんなんですから、きっちり証言していただかないと、弁護士がいくら頑張ってもなかなかうまくいかないんですよ。*1

A：その尋問というのに行ったらどうなりますか。「被告は」などと呼ばれるんですか。

弁：それはそうですね。

A：私は何も悪いことしていないのに、どうして被告呼ばわりされなければいけないのですか。

弁：それは最初から当然のことで……。

弁：もちろんです。しっかり打ち合わせして、頑張って本番に臨みましょうね。*4

A：そうですね。

弁：そうそう、以前から説明してますけど（＊＊別表現あり→〔例1-18〕）、相手方や裁判所から、「被告は」って質問されることはありますが、「被告」って刑事裁判と全く違って、民事裁判で原告の相手を被告と呼ぶという裁判所での記号みたいなもんです。気にしないでくださいね。それから質問されて証言する手続を、裁判所では「尋問」って言うんですが、これも裁判所の記号でしてね。警察でいう尋問とは全く意味が違いますから気にしないでくださいね。*5

A：被告呼ばわりされるのは腹が立つけど、まあしょうがないですね。

弁：Aさんなら、大丈夫ですよ。記号を使い倒してやりましょう。*6
　それから、テレビと違って、普通傍聴人はいないんですが、たまに見学で見てる人がいることはあります。でも、とにかく裁判官に向かって、聞かれたことに答えればいいので*7、今は心配しないでください。打ち合わせして準備していきましょう。*8

A：ちょっと不安ですけど、よろしくお願いします。

　当事者にとって、自分が「被告」と呼ばれること、さらに自分が「尋問」される立場になることは大いに負の感情を生じ、ストレス源になります（「クロスレファレンス民事実務講義」§45参照）。

　【通常の対応例】は民事訴訟法上は正確な説明でしょうが、依頼者にストレスを感じさせたためか、弁護士に対し「負の感情」をぶつけるような展開になっています。依頼者コミュニケーションの観点からは、正確な説明をすればよいというものではありません。

　もちろん、受任時において法廷で証言する可能性や必要性について説明しておくことは大前提ですが、人は、一度や二度説明されていても、イヤなことや、できれば向き合いたくないことは、どうしても「負の感情」を生じてしまうものです。そこで【工夫例】は負の感情を生じる言葉を使うことを避けつつ（＊2）、使う前／使う際に、裁判所では「記号」だなどと説明しておくとよいでしょう（＊5）。なお、＊3の発言に含まれる「誰でも」は、「不安」を軽減するためによく使う「ノーマライズ」（→〔スキル2-1〕（ⅱ）161頁）です。

　さらに、依頼者にとってイヤなことが近づいてくるときに、依頼者がそれに「直面」して負の感情を抱く前に、弁護士の方から先回りして、衝撃緩和のための「クッション」（→〔スキル2-1〕（ⅱ）161頁）を入れると効果的だといえるでしょう。ここでは、尋問は「記号です」と説明する（＊5）ことが「クッション」にあたりますし、「尋問」という言葉を使う前に、自分の弁護士から質問されること（＊3）や、尋問に直面する前にも自分の弁護士と打ち合わせをする機会があることをイメージしてもらっています（＊4）。これらのクッションによって、尋問される事態を想起することによる負のストレスを和らげ、予測可能性を高め受け入れやすくして、逆に積極的に取り組む意欲を持ってもらう方向へと誘うこと（＊6）を目指します。

　他に、「私（弁護士）から」質問する（＊3）、また「裁判官に向かって答えればいい」（＊7）と説明することにより、依頼している弁護士や中立的裁判官をイメージしてもらい、「直面」する状況のイメージ自体を緩和しようとしています。

> ### 🔍 実務で使えるこの着眼
> ＊8 「未来」を意識する

　＊8 「打ち合わせして本番に臨みましょう」「準備していきましょう」など「Let's～」にあたる言葉は、将来の時点への動作・行動を指しています。本例の状況では、ａ現在→ｂ将来の準備（打ち合わせ）→ｃ法廷で尋問される、つまり、向き合いたくない事態ｃに、いきなり「直面」することを避けて、自分の弁護士との打ち合わせという安心できる状況ｂを「クッション」として入れ、その先ｃのことは、今は心配しなくてよいというプラスイメージを加え、マイナス状況ｃを今意識することの減殺を図っているわけです。

　＊3 「あなたなら大丈夫です」というのは現在の時点ａのことですが、いくら「大丈夫」と言われても安心できないことが多いでしょう。それは現在ａの話しかしていないからであって、未来における具体的な「動作」ｂを、今の会話に盛り込むということも有益だと思います。

> ### 💬 実務で使えるこのフレーズ
> ＊2 「事実を証言していただきたい」

　現実には依頼者は「尋問される」わけですが、その事態を受け入れてもらうための最初の段階として、＊2でストレスフルな証人尋問手続のうち依頼者にとって積極的意義を持つはずの、「事実を証言する」という側面を切り取って示しています。依頼者は「事実」とは「客観的真実」のことと思い、そして自分の認識が客観的真実と認識しているわけですから。

> ### 💬 使用は避けたいフレーズ
> ＊1△ 「弁護士がいくら頑張ってもなかなかうまくいかない」

　【通常の対応例】＊1のような言葉が出てしまうこともあるでしょうが、その内容が仮に正しいとしても、依頼者とのコミュニケーションを一層悪化させ自らに跳ね返ってくるだけの自滅的な言葉と思います。無用の言葉でしょう。

例 1-18 ▶ 相談者に繰り返しての説明が必要なとき

前例〔例1-17〕の＊＊の箇所の別展開です。

△ 通常の対応例	○ 工夫例
弁：以前にも説明しましたが、相手方や裁判所から、「被告は」って質問されることはありますが……。（以下略）	弁：これって、専門的で分かりにくいところですから改めて説明しますね。相手方や裁判所から、Aさんに対し「被告は」って質問されることはありますが……。（以下略）

　弁護士としてはしっかりと説明したはずのことについて、依頼者からすれば、専門的な説明が理解しにくかったり、ときには説明があったこと自体を忘れてしまうこともあるでしょう。しかし、【通常の対応例】のような「以前にも説明しましたが」、あるいは「何度も説明しましたが」などの表現は、過去の「時制」（→〔スキル2-3〕（ⅲ）165頁）で「前にも説明した」ことを語り、それは一回で理解できなかった依頼者を責めるニュアンスや、弁護士自身を正当化するような印象を与えてしまいます。

🔍 実務で使えるこの着眼

過去の時制（テンス）は、相手を責めることになる、ことがある

　そこで、【工夫例】では、「改めて説明しますね」とこれから行うことを強調しています[10]。【通常の対応例】は、過去のことを指して「前にも」説明したことを語り、一方、【工夫例】では、「これから」説明すること、大袈裟に言うと未来に「焦点」を当てて語ることにより、負のコミュニケーションを生じにくくしています。

　また、「専門的で分かりにくいところですから」は、専門家でない依頼者のための「ノーマライズ」（→〔スキル2-1〕（ⅱ）161頁）の一種です。

---

10 「改めて」は過去にも説明したことを含意するので、相手の気持ちだけを優先するときは「改めて」も発語しない方がよいことになりますが、依頼者と共通の理解を確認しながら進めていくためには、正確な内容を失わないことも重要と思います。

例　1-19　依頼者の内面に踏み込む質問をするとき

　依頼者Aの陳述書を作る場面です。弁護士は、主張の関係上、Aの最終学歴を確認する必要があり、ヒアリングを行います。

△ 通常の対応例	○ 工夫例
弁：それでは、Aさんの陳述書を作るので、聞き取りを始めますね。	（同左）
A：はい、お願いします。	
弁：えーと、まずは最終学歴を教えてください。*1	弁：経歴から簡潔に書くことが多いんですが、どの辺りから始めましょうか。*3
A：えっ……答えなければいけないんですか？	A：最初に就職したところからでどうでしょうか。
弁：Aさんがどんな人であるか、裁判官に分かってもらうために、普通はどこそこの大学を出て、と書き始めるのですけど……。*2	
A：……私、高卒なんです……。	

　【通常の対応例】のAさんは学歴に強い思いのある方で、その方にとっては負の琴線に触れるような質問*1をしてしまいました。経歴を知ることは必要ですが、聞き方に工夫が必要です。また*2のような発言は今日的には内容的にも問題があるでしょう。

　【工夫例】では、本人から話し始めることができるように*3の問いから始めています。

💬 実務で使えるこのフレーズ

＊3 「どの辺りから始めましょうか」

　オープンな質問の一種で（→〔スキル2-3〕（ⅱ）164頁）、主導権を相手に渡す質問になっています。

　【工夫例】では依頼者の主導で仕事歴から始めていますが、ある程度聞き進ん

だ後、学歴を確かめたいときは、例えば「学校のときには何か部活とかに熱中されましたか」などと、「大学」と言わずに「学校」と言い、かつ注目点を「部活」にズラなどして聞くとよいでしょう（聞く「作業」→〔スキル1-6〕160頁）。

> ### COLUMN　怒らせたことに気付いたら
> 　怒らせた（傷つけた）ことに気付いたら、当たり前のことですがとにかく早くまず誠心誠意謝ることです。説明（言い訳）は後です。また、一通の手紙・メールの冒頭で謝りの言葉があっても、後の言い訳が相手の気持ちに逆らい、それをじっくり読まれることにより、全体として謝っていないと受け止められることになります。だから、謝るときは可能であれば口頭の方がよいのです。企業の不祥事対応と似ています（「マネジメントモード」につき→〔スキル 3-1〕177頁）。

第 2 章

依頼者の気持ちを受け止める場面

例　2-1　　相談者が弁護士に相談することに違和感を持っているとき

　悩み事があって知人Bに相談し、甲野弁護士を紹介されてAが来所。しかし、Aは弁護士に対して相談することの意義を十分に了解しないまま相談に来た状態で、弁護士に対する信頼や親しみが持てていない様子です。

△ 通常の対応例	○ 工夫例
A：あの、Bさんに紹介してもらったんですけど、よろしくお願いします。	（同左）
弁：はい、こちらこそよろしくお願いします。今日はどんなご相談でしょうか。	弁：よくいらっしゃいました。Bさんから伺っております。
A：いや、まあ、相続の関係でBさんにも相談したんですが、やっぱり弁護士さんに相談した方がいいですかね。	（同左）
弁：法律問題でお悩みになられてるから当事務所においでになったんですよね。	弁：弁護士のところに来なくて済めばそれに越したことはありませんね。*1 弁護士のところにいらっしゃるのは今回が初めてですか。*2
A：ええ、そうなんですが……。	A：そうなんですよ。
弁：でしたら、何にお困りなのかを、どうぞ自由にお話しください。	

　弁護士に対する信頼や親しみが持てていない相談者や、本例のAのように、そもそも弁護士のもとに相談に来ること自体懐疑的な相談者もいます。そのような場合、【通常の対応例】のように「受け止め」を省いた理詰めの応答だと、ギクシャクしてしまうケースがあります。

　面談の冒頭段階でそのような雰囲気を感じとった場合、その気持ちを「受け止め」て共感を示すことができれば、本題に入るための緩衝材になるはずです。【工夫例】はその例です。

> 💬 実務で使えるこのフレーズ
>
> ＊1 「弁護士のところに来なくて済めばそれに越したことはありませんよね」

　普通の人にとって、法的なトラブルに巻き込まれることはそう頻繁にあるものではなく、日本では多くの人は人生で一度も弁護士に相談しないで済むはずです。そこで、「弁護士に相談に行く」こと自体が、多くの人にとってはストレスフルなイベントですから、そのストレスを言葉にして「共感」を示すことに意味があると感じます。目の前の弁護士が「なるべく私のところに来ないように」、ということは逆説、一種の「ユーモア」（→〔スキル2-4〕(vi)168頁）を含んでいて、リスキーな面もありますが、なごませることになればよいでしょう。

　そして、スムーズに相談内容に入りにくい相談者の場合、弁護士相談の経験の有無を聞くことが（「相談」でなく「ところに来る」などのソフトな言葉で）、会話のきっかけとなり、かつ、相談者の「背景事情」を把握するために有益な問いです。

> 💬 実務で使えるこのフレーズ
>
> ＊2 「弁護士のところにいらっしゃるのは今回が初めてですか」

　初めての人と、弁護士への接触経験のある人では、当方の説明方法や内容が相当変わってくるものです。

例 2-2 相談者が過度に心配しているとき

　相談者Aは、客観的には可能性の極めて低いことを過度に心配し、そのために打ち合わせが具体的に進みにくい状況です。

△ 通常の対応例	○ 工夫例
A：○○されたらどうしようか、心配でしょうがないんです。	（同左）

弁：Aさん、心配しすぎですよ。普通の人はそんなに深刻に考えないと思いますよ。心配しないで打ち合わせをしていきましょう。＊1

弁：Aさんのような状況に置かれたら誰でもそんな心配をされると思います。＊2

　　でも、私の経験からすると、そんな事態になることはまず考えられません。

A：そうでしょうか。

弁：今すぐ無理に心配をなくそうと考える必要はないですよ。＊3

　　ただ、今、ここでの私との打ち合わせの間は、心配なことは「カバン」にしまっておいて、打ち合わせしていきませんか。＊4

　【通常の対応例】＊1では、相談者を特殊化してしまい、逆に【工夫例】＊2では「誰でも」そうなりますと言って、相談者を「ノーマライズ」（→〔スキル2-1〕（ⅱ）161頁）して「受け止め」ようとしています。

　＊1「心配しないで」と言うことは、「命令形」の一種でストレス（プレッシャー）になりうるので、逆に、＊3のように「無理に心配をなくそうと考える必要はない」と言って不安な人を「受け止め」るのがよいでしょう。

　次に、局面を「今、ここ」に転換し（→〔スキル2-6〕（ⅰ）173頁）、今は弁護士との打ち合わせに専念しましょうという展開も効果的です。

💬 実務で使えるこのフレーズ

＊4「心配は『カバン』にしまっておく」

　＊4の表現は、今ここでは、心配という障害を取り除いたつもりになってもらうことを目指して、相談者にとって外部にある何かの「モノ」に心配を入れておく、という「メタファー」を使っています（メタファー→〔スキル2-4〕（ⅵ）168頁）。「脇」に置く、という表現もメタファーですが、それと気付かないほど一般的用語になっているものです。もちろんカバンでなくても結構で、筆者（京野）は、よ

く「とりあえず心配は『括弧』に入れておきましょう」と言っています。要は、心配という心理に属するものを「モノ」であるかのように「外部化」（→〔スキル2-5〕(ⅰ) 171頁）しようとするものです。本例はうまいとはいえない例ですが、各人が何かより気の利いたメタファーを工夫できたらよいと思います（→〔例4-2-6〕114頁）。

例 2-3 「絶対大丈夫ですよね」と言われたとき

相談者Aは、訴訟を依頼した場合の見通しについて、弁護士に「絶対大丈夫ですよね」と繰り返し質問します。弁護士は、客観的にはそれなりの決着が見込まれる案件であり全負けはないと考えていますが、受任してよいか迷っています。

△ 通常の対応例	○ 工夫例
弁：ご説明したようにAさんの案件は、提訴すればそれなりの解決が得られる案件だと思います。 　　ただ、弁護士は勝ち負けについて結果を保証することはできないので、「絶対大丈夫ですよね」と聞かれると、ちょっと困ってしまいます。*1 A：ご説明を伺って分かったような気はするのですが、先生にお願いしたら絶対大丈夫ですよね。 弁：結果の保証はできませんが、Aさんが法的にそんなに不利な案件ではないんですよ。*2 A：そうですよね……。	弁：ご説明したようにAさんの案件は、提訴すればそれなりの解決が見込まれる案件だと思います。 　　ただ、Aさん、訴訟をすることがご不安なんでしょうか。*3 A：……はい、そうだと思います。 弁：では弁護士に依頼して訴訟を始めるとして、それぞれの場面について、不安に感じるか、試してみませんか。まず、私に委任いただくとした場合、契約書の案と費用見積書と事案の説明書をお渡しして、それを持ち帰っていただき、ご納得いただけたら私と委任契約をしていただきます。どうですか、この手続について何か不安に思われますか。*4 A：いいえ、大丈夫です。 弁：委任契約書を取り交わしたら着手金をお支払いただいて、訴状を作る

ための打ち合わせをします。この件では2回くらい打ち合わせすれば訴状ができると思います。どうですか、この手続について何か不安に思われますか。＊5

A：いえ、大丈夫です。

（以下、口頭弁論期日、争点整理、証人尋問など、一定の時間を取って説明して、不安に思うか聞いていく）

　弁護士は有利な結果の請け合い・保証・約束はできないため（職務基本規程29条参照）、「勝てます」と言うことはできず、「大丈夫でしょう」「勝てる見込みは半分以上はあります」などの表現は微妙です。そのため、「勝てますよね」と聞かれたとき、「勝ち負けを言うことは難しいですが、やるべきことをやります」というような言い方になることが多いでしょう。それでよいのですが、相談者が「大丈夫ですよね」と聞く気持ちとしては、未知の訴訟手続についての「不安」からくることが多いと思われます。精神論としては時間をかけて信頼関係を築くことにより不安を解消することが正解でしょうが、それに加えて言葉の上での工夫もある程度はできるはずです。

　【通常の対応例】＊1、＊2を通じて正しいことを述べていますが、「保証できない」ことが相談者の印象に残り、納得できていない状態で受任することは受任後に問題を残します。そこで、不安を解消する方向での言い方を工夫したいところです。

　【工夫例】では、＊3以降、説明を伴いつつ終始相談者に質問しています。相談者から「絶対大丈夫か」と問われて弁護士が答える流れから、弁護士が相談者に問う流れに変え（問う→〔スキル2-3〕（ⅰ）164頁）、相談者の未知への不安を軽減しているものです。

　このようなやりとりによっても納得できていないように感じられる場合は受任しないこともあるでしょうし、受任するときは、口頭説明に加えてリスクについての説明と納得を書面にして残すなどの方法を取ることになります。

　結果保証が問題となる場合の対応については次の〔例2-4〕も参照してください。

例 2-4 相談者が自分で決められないとき

　相談者Aは「どうしたらいいんでしょうか？」と自分では決められません。弁護士としては、訴訟が適切な事案であり、訴訟を受任しないとAのトラブルは解決しないと考えるので、受任したほうがよいと考えています。

△ 通常の対応例	○ 工夫例
弁：このケースは、訴訟提起して、証拠をきちんと出していけばうまくいくと思いますよ。＊1 A：……そうですね……。 弁：訴訟しなければ何も解決しませんよ。 A：なるほどそうですね……でもどうするのが一番いいですかね……。＊2	弁：そうなんですね。こんなことは人生で初めてでしょうから、どうすればいいか、分からないですよね。一緒にいろいろな方法を考えていきましょう。＊3 A：はい。 弁：まず、両極端の方から考えていきましょう。（デュアルモニターで示しながら）訴訟しない場合、訴訟をした場合の成り行きです……。

　選択肢を説明して、相談者の意思決定に関与している場面です。

　【通常の対応例】は、説得を急いでいる感じがします（→〔スキル2-2〕163頁）。また、前例同様に結果の保証（弁護士職務基本規程29条）との関係で＊1は微妙なところがあります。もちろん「勝ちます」はいけないわけですが、「～すればうまくいくと思う」ならよいと形式的に決まるわけではなく、相談者の実質的な納得のプロセスを十分に配慮し確保できるかどうかが問題です。かなり説明してもなお、＊2のように何度も同じ質問をするなど、納得して決定することが難しい方も結構いるので、その人に合わせた工夫が必要でしょう。

　【工夫例】＊3ではAのとまどいを「受け止め」たうえで、〈裁判をする〉・〈放置する〉といった両極端の成り行きについてデュアルモニターで示しながら一緒に検討するようにしています。

　訴訟の他にも、事案に応じて、弁護士が陰でアドバイスしつつ本人同士で話し合う、弁護士による交渉、調停、ADRなどいろいろな選択肢のメリット・デメリットを表として作り、最終的に相談者に選んでもらうという方法も考えられます。

> ┉┉┉ 実務で使えるこのフレーズ
>
> ＊3「こんなことは人生で初めてでしょうから」

　多くの人にとって人を「訴える」ことは一大事であり、とまどいを感じて当然なので、一種の「ノーマライズ」（→〔スキル2-1〕（ⅱ）161頁）を示して「受け止め」て、自分で意思決定してもらうプロセスに導入しています。

例　2-5 ▶ 相談者が本当のことを隠しているとき

　相談者Aは事件を委任したいが、自分に不利な事実については弁護士から聞かれても言葉を濁して話題をそらそうとし、弁護士はそのことに気付いています。

△ 通常の対応例	○ 工夫例
弁：Aさんは、私に全てをお話になってないようですね。＊1　本当のことを言っていただかないとご依頼を引き受けることはできませんよ。＊2	弁：Aさんは、今、全てを話すことに気が進んでらっしゃらないように感じたのですが、何か気になることがおありでしたらおっしゃってください ますか。＊3

　【通常の対応例】＊2のように、二者択一を迫るケースもあるでしょうが、一般的には、【工夫例】のように、依頼者があまり話したくない事情を話す機会を開いておくのがベターです。【通常の対応例】でAが渋々真実を話した場合には、受任することになるはずですが、その先がギクシャクしたことにならないか心配です。

　また、【通常の対応例】＊1と比べて、【工夫例】＊3の前半は「わたしメッセージ」（→〔スキル2-4〕（ⅳ）167頁）を使うことによりAの言動を「責めるニュアンス」を和らげています。

　【工夫例】＊3に対して、Aが「特にない」と回答する場合には、Aが言葉を濁したその事実については、将来相手方から追及されて事実を明らかにせざるをえないことなど、味方である自分の弁護士に今から全ての事実を開示しておかないと、結局自分が不利になることを説明し、Aの反応をみることになります。Aがなお隠す場合には受任しないことになるでしょう（→〔スキル3-2〕（ⅲ）179頁）。

　なお、全く同じ状況ではないものの、受任後に、事実について隠そうとする依頼者については、〔例5-3-2〕141頁も参照してください。

例　2-6　「泣き寝入りじゃないですか」と言われたとき

　相談者AはYにお金を貸したが返してくれないので、A「どんな手を使ってもいいからお金を取り返してほしい」という相談。しかしYには資力がなく、甲野弁護士は法的手続の説明や費用倒れのおそれなどの説明を一通り行ったところです。

△ 通常の対応例	○ 工夫例
A：それでは泣き寝入りじゃないですか。私は被害者なのに……。 弁：うーん、そうはおっしゃっても、資力の問題は法的にはどうしようもないことで、相手を見誤ったのですから、しようがないのではないでしょうか。*1 A：……。	（同左） 弁：相手の資力がないというのは悩ましい問題ですよね。先程からご説明しているとおり、すぐ解決するような方法は難しいかもしれません。*2 A：弁護士さんを頼んだら、お金を取られて費用倒れになるんですよね。泣きっ面に蜂ですね……。*2' 弁：本当に、借りたお金を返さないとはひどいですよね。私だってAさんの立場になったら同じ気持ちになると思います。*3 　今Aさんは一番マイナスが大きい状態ではないですか。ここから少しでもマイナスを減らしてゼロにしたり、あるいはプラスに持っていく選択肢を検討してみてはどうでしょうか。*4 　例えば、これから先はYの件はすっぱりと忘れて別の仕事でリカバリーするとか、あるいは、Y相手に

> 判決だけは取っておいて、将来Ｙさんの状況が変化したらその判決を使って回収するとかですね。＊5

【通常の対応例】＊1もごく普通の応答でしょうが、「私は被害者だ」と感じている相談者に対し、いわば反論として弁護士が自分の意見を述べていることになります。しかし、たとえ相談者の言うことに共感できなかったとしても、反論や議論をすることは「百害あって一利なし」と考え、依頼者がそう考えているという「主観的事実」（→〔スキル1-2〕(ⅲ)注32 150頁）を「受け止め」るのがよいでしょう。

【工夫例】＊2はよく使われる、当り障りのない受け止め方をしています。

💬　**実務で使えるこのフレーズ**

＊2「悩ましい問題ですよね」

ただ、この言葉は、〔例1-5〕(18頁)の例でいうと「困りましたね」に相当します。Ａさんは＊2'ますます落ち込み、不満を高めているようです。

このような場面では、ともかく＊3相談者を「受け止め」たうえで、視点を「これから」、つまり未来の時制に変えて、今からできることを話題にするほかないでしょう。ここでは、＊4現状が最悪であってこれ以上損はしない、マイナスの極地にあることを示唆して[11]、＊5小さくとも今からできることの選択肢を示しています。＊5の「将来」に反応して、「将来Ｙがどう変化する可能性がありますかね」と聞かれたら、将来の色々な可能性を話し合ってみれば前向きな変化を生むかもしれません（経済状況の変化や、例えばＹがその親の資産を相続するなどの可能性もゼロではありません）。

もちろん大した選択肢を提示できないケースもありますが、それは弁護士の責任ではないので気に病むことはなく、反論や議論をしないで一緒に考える姿勢を示すこと自体に意味があるものといえます。

11　東山紘久『プロカウンセラーの聞く技術』82頁に「山より大きい獅子は出ない」という知恵の格言が紹介されています。

例　2-7　▶「１億円請求してほしい」と言われたとき

　甲野弁護士は、相談者Aから「Yに対して慰謝料請求の交渉を始めるにあたって慰謝料１億円を請求する内容証明郵便を送ってほしい」という要請を受けました。Aから事情を聴き資料を確認した結果、弁護士は、慰謝料を請求すること自体には問題はないが、請求金額を１億円とすることは同種事案における慰謝料の相場を著しく逸脱すると考えています。

△ 通常の対応例	○ 工夫例
弁：お気持ちは分かりましたが、この事案で１億円請求するのは難しいと思いますが。*¹	弁：お気持ちは分かりました。ただ、請求金額については少し検討してからのほうがよいかもしれません。*⁵
A：請求するだけならいいじゃないですか。*⁵’	（同左）*⁵’
弁：いえ、裁判所で認められる程度の金額以上の請求をすることは弁護士としてはできないのです。*²	弁：この事案で仮に、裁判所に訴え提起した場合で、１億円が認められるのが難しいことが判明したら、Aさんとしては、どうでしょうか。*⁶
A：どうしてですか。私はこんなに被害を被っているのに。	A：それは悔しいですが、弁護士さんから内容証明郵便で請求書を送っていただけたら、とりあえずはそれでいいです。*⁶’
弁：被害は分かりますが、裁判所の相場とかけ離れた請求をすることは色々問題があるんです。*³	弁：そうですか、そうすると、今まで散々悔しい思いをしてきたから、とにかく金額よりも弁護士から請求をするということに意味があるということでしょうか。*⁷
A：何の問題ですか。	A：そうです、ぜひお願いしたいです。
弁：お気持ちは分かりますが、法的に認められる程度を大きく上回る請求を弁護士として行うことは問題があるんです。*⁴	弁：では、Aさん、例えばなんですが、交渉を始めるにあたってとりあえずの方法としては「被った苦痛はとても大きくて金銭に評価することは
A：ああ、結局弁護士さんの保身なんですか。	
弁：いや、そういうわけじゃないんです。	
A：そうじゃなかったら何がまずいんですか。	

弁：……。

困難だから、この通知書では被った損害の一部として500万円を請求する」というやり方もあるんです。Aさんの苦痛をお金に評価することは本来できないですよね。*8

　「クロスレファレンス民事実務講義」§1で述べたとおり、法的に不当請求となる場合は謝絶しなければならないし（謝絶の仕方→〔例5-2-4〕134頁）、弁護士の常識に照らして弁護士に対する信頼を掘り崩す行為は避けなければなりません（弁護士から請求を受けた相手方の立場になって考えてみるべきです）。

　弁護士として続けて相談を受ける、あるいは依頼を受けるかどうかを決めるにあたって、Aの考えを聞く必要がありますが、【通常の対応例】ではAの考えを聞く前に*1弁護士から「難しい」という言い方で見解を述べてしまい、次に*2で「弁護士としてはできない」と全否定の結論を述べたため、相談者から「なぜか」と理由を尋ねられる展開になっています。そして、*3「問題がある」と答えると、その問題は何かと質問を誘発します。*4弁護士にとっての問題と答えると、弁護士個人のリスク回避のためかと思われてしまいそうです。

　【工夫例】*5は*1と大差はないながら、「検討を要する」と断定的なニュアンスを避けて、相談者の意向をうかがっています。*5'では必ずしも裁判で1億円認められることにこだわっているのではなさそうな回答だったので、*6で相談者の意向を聞いていますが、その際に「仮に」と「クッション」を入れています（→〔スキル2-1〕(ii)161頁）。*2、*3だけでなく*6も相談者から「どうして裁判所では認めないのか」と議論になりやすいところですが、その際は依頼者・弁護士／裁判所という構図になることを意識し（〔例4-1-7〕101頁も参照）、無形的損害についての金銭評価が低い裁判例に対し「私」はかねてから闘ってきた、など「自己開示」の語りをすることもよいでしょう（→〔スキル1-4〕(iv)155頁）。

　本例の相談者は、弁護士から通知をして交渉を始めることに意味を見いだしているようでしたので（*6'）、*7において「金額よりも」との言葉を付して確認しています。そして、*8で弁護士から、一部請求の提案をしています。この提案に納得されるなら受任してよいと思います。一方、請求の金額にこだわりが

ある場合には、不当でない範囲での請求額をさらに協議して納得に至る場合に受任できることになります。ここの「例えば」は微細ながら柔らかくする言い方です（→〔スキル2-4〕(iii) 167頁）。

受任後、訴訟提起する段階において請求額を協議する際にも請求額をどうするかが問題になりますが、想定認定額を超える請求をすることは、判決に至った場合に、訴訟費用の負担で大きく負けた感じになってしまうことを説明して[12]、より深い理解をいただくことも必要です。

例 2-8 ▶ 深刻な事件でとにかく聞くしかないとき

交通事故で初孫Dを亡くした祖父Aから、保険会社との示談交渉についての相談です（Dの両親B・Cは悲嘆にくれ、弁護士事務所には来られないとのこと）。

△ 通常の対応例	○ 工夫例
A：保険会社はお金の話しかしないし、Bの運転にも過失があると言って、法律ってこんなもんなんでしょうか。	（同左）
弁：うーん、法律は事故という不法行為については、損害賠償によって処理することになってるので……。[*1]	弁：おっしゃるとおり、法律は全く不十分ですよね。[*4]
A：お金なんかいくらもらっても仕方ないんです……（色々孫への思いを話す）……孫を返してさえくれれば何も言いません。	（同左）
弁：本当に大変なことですね。	弁：ああ、本当にそうですね。[*5]
A：弁護士さんに言ってもしようがないですけど、こんなことならもう私たちは死んでしまったほうがいいかと……。どうしたらいいんでしょうか。	（同左）
弁：お孫さんを亡くされた悲しみはい	弁：私は法律のことしかできませんが、

12　判決主文で「訴訟費用はその10分の8を原告の、10分の2を被告の負担とする」のようになった状態を想定するとよいでしょう。

かばかりでしょう。お察ししますが、元に戻すことは法律上は無理なんで……。*2 しっかりと法律的にできることだけを考えましょう。*3

私が力になれそうなことは何かありそうですか。*6

　相談者の苦しい状態を感じて、どう声かけしたらよいか分からないようなときには、スキルや対処法といったものはなく、まず「とにかく聞く」しかないと思います（聞く→〔スキル1-2〕(iii)149頁、〔スキル1-5〕159頁）。「とにかく聞く」ときは、【通常の対応例】＊1のように、弁護士から説明しようとせず、言葉も積極的には出さず、【工夫例】「相づち」程度のことしかできない（＊4、＊5）のではないでしょうか（相づち→〔スキル1-5〕(iii)159頁）。このような状況では、＊1の「処理」、＊2の「無理」などは冷たい言葉として受け止められやすいと感じます。また当然ながら、「元気出してください」「時間が薬になります」「世の中には事故で亡くなった人は他にもたくさんいらっしゃいます」などの言葉も、多くの場合は逆効果で適当でないでしょう。

　このようなとき、場面を広げて「他に困っていることはないか」と聞くことや、例えばB・CのためにAが何をしてあげられるかを一緒に考えるうちに、Aの「心の外」の問題（Bが事故とは別の法的な問題を抱えていることもあります）が浮かび上がり、当面はその問題について相談に乗るということもあるかもしれません。AにとってはB・Cの負担を軽くしてあげることで自分自身が少し楽になるかもしれません。

　相談時間の制約等から、何らかの形で相談を終えることが必要ですが、そのきっかけは、弁護士から提案するのでなく（【通常の対応例】＊3）、相談者に聞いてみるとよく（【工夫例】＊6）、例えば、今の時点で保険会社との対応について具体的な相談を望んでいるかもしれません。

　相談者の心のケアが必要だと感じる場合でも、心の問題に「向き合う」のでなく、心の「外」にあること（環境、条件、経済的状況、身体……）」を少しでも助けられればよいでしょう（→〔スキル1-2〕(iv)151頁、〔スキル2-5〕COLUMN171頁）。

例　2-9　法的な対処が困難なとき

　相談者Aはやや過疎地の集落に住む高齢者。何年も前から、Yを中心とする

人たちから村八分にされ、名誉が傷つけられていると思っています。警察をはじめ色々相談できる先は行き尽くしています。

　事情を聞いてみると、感じ方の問題とも思われ少なくとも到底立証できないと判断される事案です。また弁護士は、判例誌に載っていた村八分の裁判例を、こんな裁判例もありますとホームページのブログで紹介しただけでした。

△ 通常の対応例	○ 工夫例
A：先生は村八分の専門家なので、ぜひ裁判をやってください。	（同左）
弁：いや。慰謝料もとれるか分かりませんし、とれても十万円とかのレベルですので、やれません。	弁：大変な思いをされてるんですね。とても悩ましい問題ですね。＊1
A：お金の問題じゃないんです。このままでは、私と妻は、死んでも死にきれません。私たち夫婦の人生がかかってるんです。	それで、裁判をする場合、時間や費用がかなりかかります。そして、ホームページに裁判例を載せましたが、裁判所が慰謝料を認めるのはとてもハードルが高く、認められる場合でも金額はとても少額なんです。
弁：そうおっしゃられても、費用対効果が悪すぎてとてもできないと思いますよ。	A：お金の問題じゃないんです。このままでは、私と妻は、死んでも死にきれません。私たち夫婦の人生がかかってるんです。
A：じゃあ、先生の費用がいくらかかるか具体的におっしゃってみてくださいますか。	弁：それはAさんにとっては大変ですよね。おっしゃるとおり、お金の問題ではないと、私も思います。＊2
弁：……。	ですが、裁判は突き詰めればお金の問題なんです。裁判所は証拠が認められるときにお金の結論を出すだけなんです。
	A：でも、裁判所がYを負かせれば名誉を取り戻すことができます。

弁：おっしゃるとおりですが、勝ち負けだけで考えるなら、裁判をやって赤字になったらAさんの負けではないでしょうか。*3

　　私としてはAさんに負けてもらっては困るので、裁判に期待するのでなく、ちょっと見方を変えて考えてみませんか。例えば、Yさんって方はいい人生を歩んでらっしゃるのでしょうか。*4

【通常の対応例】では弁護士の側が費用対効果のポイントから離れられず、会話が行き詰まっています。やや高額の弁護士費用を見積りして、費用対効果の説明をして結果として思いとどまってもらうという方策もありますが、トラブルを生じやすいでしょう。それでも依頼するということになった場合、（いかに事件の見込みを説明していた場合でも）「高額の弁護士費用を払ったんだから絶対勝てるはず」という思いになりがちだからです。

【工夫例】では、＊1及び＊2で相談者を「受け止め」、その主観的思いについては肯定（共感）したうえで、＊3で勝ち負けを言う相談者の言葉を使って費用対効果とは少し違った切り口へと導いています。相談者はその人生に関わる問題を相談しているので、その人生にプラスになるようなアドバイスはできないものか、その場その場で考えるほかないですが、ここでは裁判はお金を問題にするだけ→赤字になったらかえって負けになる、という側面に光を当てて、相談者が本来持っているはずの気付きを促そうとしています。

　＊4は何かしら「視点」を変える工夫をした例ですが、相談者の立派な点を探してそれを広げる手伝いをすることによって、Yらによって人生を台無しにされているという今の認識が変わるきっかけになるかもしれません（視点が変わる→〔スキル2-6〕(i)173頁、また「コーピング・クエスチョン」→〔スキル2-3〕(iv)166頁も適しています）。

　本例はよくある場面ですが、正解はなく、ともかく時間をかけて聞くことで相談者の役に立てることもあるでしょう。また、引越はできないのか→村に愛着が

ある→村にはいい点もあるのではないか→そのいい点を大事にしていくことを勧めるとか（例外探し→〔スキル2-6〕（iii）175頁）、対立するYに対しては「大人の解決をしてあげる」（→〔例4-2-9〕122頁）対応を示唆する、などの対応も考えられるでしょう。受任できないと感じるケースも多いと思いますが、その場合は〔例5-2-4〕（134頁）も参考にしてください。

例 2-10 ▶「相手のいいなりじゃないですか」と言われたとき

訴訟係属中、相手方は、準備書面を期日の当日または前日に出してくることが続きましたが、当方は、毎回提出期限（期日の1週間前）を守っています。

△ 通常の対応例	○ 工夫例
A：約束を守らない、こんなことが許されるんですか。相手はいつも後出しジャンケン。これじゃあ相手方のいいなりじゃないですか。こっちも期日直前に書類を出したらいいんじゃないですか。	（同左）
弁：相手が何を考えているかは分かりませんが、いいなりになんかなっていませんよ。相手がそうだからといってこちらも期日直前に出すなんてことは、私はしません。裁判所の心証が悪くなっても知りませんよ。	弁：そうですね。相手方はだらしなくて訴訟のルールを守っていないのは困ったものですね。ただ、期限を守って出した方が裁判所がきちんと読んでくれるので、その分有利になります。*1
A：はい……。（後出しジャンケンされて、不利になってるんじゃないのかな）	相手方のルール違反が続いたので、次の機会には、裁判所には期限に書面を出し、相手方には提出を確認してからファックスすることを検討します。書記官とも打ち合わせをしてみますね。*2
	A：安心しました。よろしくお願いします。

【通常の対応例】では、口論のようなやりとりになってしまいました。しかし、依頼者の怒りの原因は「不安」にあることが多く、本例では誤解もあって訴訟上不利になっていないかと不安に感じていると理解できますから、不安を解くように対応する必要があります（不安に対応→〔スキル2-1〕161頁）。

そこで、【工夫例】＊1では、不安を「受け止め」て訴訟上不利になっているという誤解を解いたうえで、＊2これからの可能な対応策を述べることにより不安を解消しようとしています。

準備書面では相手が後出ししたからといって特に困りませんが（じっくり再反論すれば足りる）、陳述書については、後出しされると実際上の不都合を生じる可能性があるので、【工夫例】で述べた方法をとることもあるでしょう（「クロスレファレンス民事実務講義」§494参照）。

例 2-11 ▶ 依頼者に不利な事実を確認するとき（1）

依頼者Aとの打ち合わせで事情を聞いている場面です。甲野弁護士としては、ある事実についてAが説明することは、通常考えられず虚偽を述べているとしか思えません。

△ 通常の対応例	○ 工夫例
弁：Aさん、××とおっしゃいますが、ちょっと理解できないんです。裁判官から聞かれたらなんと答えますか。＊1 A：……（え！この弁護士は自分のことを疑ってるんだ！）	弁：ああ、なるほどですね。Aさん、ここは結構大事なところなので、色々予行演習をやっておきたいのですが、例えばですね、裁判官から××の点について「普通○○じゃないですか？」と聞かれたらなんと答えましょうか。＊2

【通常の対応例】＊1では、疑念を「わたしメッセージ」（→〔スキル2-4〕(iv)167頁）でストレートに伝えてしまっています。そもそも、一見不自然な事情説明であっても特別な事情が隠れていたりすることは珍しくないので、早急に「わたし」としての疑念を表さないほうがよいでしょう。

そこで、【工夫例】では、「予行演習」と名付けて、「第三者」である裁判官

から聞かれた場合どう答えましょうか、という聞き方をしています。依頼者からすると否定的評価を突きつけられると不安や不信を生じやすいところで、「予行」としてクッションをおき（→〔スキル2-1〕（ⅱ）161頁）、予測可能性を高めようとしています。第三者としては、裁判官だけでなく相手方弁護士や記者会見の場など、事案により色々な状況が想定されます。

　細かいですが、＊1と＊2の末尾の言い方について次の比較を見てください。

△ 通常の対応例	○ 工夫例
＊1　聞かれたらなんと答えますか。	＊2　聞かれたらなんと答えましょうか。

　僅かに「すか」と「しょうか」の違いですが、【通常の対応例】＊1「ますか」は依頼者を尋問しているニュアンスがあります。これに対し「ましょうか」は、一緒に考えましょう、というニュアンスになります。ここは非言語コミュニケーション（表情や声のトーンなど）の方が重要なところですが、内心に疑念があると「ますか」と言いやすいというように、言葉尻（語尾）にも思いが表れがちです。

例　2-12　依頼者に不利な事実を確認するとき（2）

　単身赴任中のBの不貞の相手方として、損害賠償請求訴訟を提起されたAが依頼者。Aは不貞を否定していましたが、訴訟で相手から証拠提出された探偵の報告書により、夜A宅に一緒に帰宅し、2時間後にA宅を出るBの写真が提出されました。Aは、「前夜の飲み会で具合が悪くなったのでBに自宅まで送ってもらい、その後、具合が良くなったので、お茶を出して話をしていただけだ」と、甲野弁護士としては不自然に思える説明をします。

△ 通常の対応例	○ 工夫例
弁：Aさん、私は依頼者であるあなたの説明を信じますが、今の話、果たして裁判官が信じてくれますかね。＊1 A：そんなこと言われても、真実そうなのだから、私としてはそれ以上の説明はできません。	弁：Aさん、私はあなたが私には事実を話してくれていると信頼していますし、今のご説明も、神様(or仏様等)の目から見たら真実なのだろうと思います。＊2 　ただ、残念ながら、裁判官は神様

弁：正直、この証拠に対して、もう少し有効な反論ができないと、裁判の結論は厳しくなることが予想されますよ。

A：そんなことを言ったら、異性を部屋に上げてお茶を出したら全部不貞だということになるじゃありませんか！

弁：いや、だけどこの写真は夜遅い時間だし、具合が悪くなって送ってもらってすぐに体調回復したという話も、第三者が「納得！」と言えるかというと、それは難しいとは思いませんか？

A：だって、事実そうなんですから……。

ではないですよね。

A：そうですね。

弁：神様ではない以上、第三者的に、こういう事実があるならば、普通はこうですね、逆にこういうことは普通ないですね、という具合に考えていくことになります。*3

そこでさっきのご説明ですが、全くの第三者が聞いたとして、「納得！」と言えればよいのですが、「うーん……」となる部分が仮にあるならば、それは説明としてはもう一息、足りないところがあると認定されてしまうかもしれません。*4

A：これ以上の説明を求められても……。私としては誠実に事実をお話しするしかないわけで……。

弁：そうですね。裁判官に納得してもらえるよう一緒に説明を工夫していきましょう。*5

それでこうしませんか。そうなったことには事情があったのだと思います。人間って順々に書いて見ると結構、記憶違いが分かったりするものです。ちょっと家に帰ってから、ゆっくりと順を追ってそのときのお二人の言動を細かく書き出してみて、私にいただけませんか。ここは重要なところですから、よく思い出していただきたいのです。*6

【通常の対応例】では、裁判官（第三者）の目から見てどうかという視点から述べている点悪くはないものの、弁護士自身が依頼者と議論になってしまう展開になっています。

【通常の対応例】＊1「私はあなたの説明を信じますが」といフレーズはしばしば用いられますが、逆接の「が」によりその後のメッセージの方が強く残りがちでしょう（「聞く」際は逆説を使わない→〔スキル1-5〕（ⅱ）157頁）。【工夫例】＊2の部分との表現の差は僅かですが、第三の存在（ケースバイケースで「仏様」だったり「天国の両親」だったり、様々なバリエーションがあるでしょう）を登場させることで、裁判官は神様等ではないというレトリックにつなげて、【通常の対応例】と比べると肯定的な部分を表に出しています。

＊3の箇所で、裁判官が依頼者の説明を「信じる・信じない」という二者択一にしてしまうと、依頼者としては人格を否定されたように感じて、裁判官や裁判制度への反発を持つかもしれません。「神様でない以上は、こうやって事実認定がされる可能性がありますね」という形でその反発を弱めようとしています。

＊4では「わたしメッセージ」を避け、弁護士ＶＳ依頼者の構図を避ける言い方をしています（→〔スキル2-4〕（ⅳ）②168頁）。また、依頼者の意向に沿わない結果になるとき、それをもたらす裁判官という「個人」にマイナス感情が向かうことをなるべく避けるため「裁判官が〜と考える」という能動態でなく、「認定される」という受動態の方が多少なりとも柔らかいです。

＊5は一種の「未来形」で語っています（→〔スキル2-6〕（ⅰ）173頁）。そして、＊6で「いったん持ち帰ってもらう」ことを提案しています。甲野弁護士は、Ａが作ったストーリーは裁判官に認定されないだろうという否定的ニュアンスを伝えていますが、同時にＡという人は否定しないで受容して、Ａが自宅に持ち帰って再構成したストーリーを受け入れる姿勢を示しています。また今回の打ち合わせではＡのストーリーをつき詰めて、否定はしていません。実際、次回の打ち合わせまでに違った事実を思い出して来られることがあります。持ち帰り後もなお客観的には納得し難いストーリーを維持される場合は、本人に書いてもらった事実をそのまま主張することにも意味があります。

🔍　実務で使えるこの着眼

＊6　いったん持ち帰ってもらう

委任契約の際（→〔例4-1-5〕96頁）もそうですが、重要な事柄はいったん持ち帰ってもらって、その結果を待つのがよいでしょう。弁護士のいない、相談者のホームでゆっくり考え直したり誰かに相談したりして、納得のうえで決めてもらう方がよいからです。

例　2-13　依頼者に注意しなければならないとき

養育費調停の進行中に、依頼者Ａは、自らも出席した調停期日における相手方Ｙの言い分に激怒し、期日終了後、Ｙに対して「大嘘つき」「地獄に落ちろ」とショートメッセージを送りました。甲野弁護士はＹの代理人弁護士からクレームがあったのでＡに電話しました。

△　通常の対応例	○　工夫例
弁：Ｙさんに直接連絡を取ったらしいですが、本当ですか？*1	弁：Ａさん、先ほど相手方弁護士から事務所に急ぎだと言って電話が掛かってきました。何でも、Ａさんに対するクレームだったようなんですが、何かありましたか？*4
Ａ：だって、先生、期日でＹが言っていたこと、あんなの大嘘ですよ。とても許せない。	Ａ：Ｙに「大嘘つきは地獄に落ちる」ってメッセージを送ってやりました。
弁：どういう文言を送信したのですか？*2	弁：今日の期日でＹさんが主張した件ですね。許せないと仰っていましたね。
Ａ：そのままですよ。大嘘つきは地獄に落ちるぞって。	Ａ：だってそうでしょう？　裁判所であんなデタラメを……。
弁：相手に直接連絡を取ってはダメですと最初に注意しましたよね。なぜ守ってくれなかったのですか？*3	弁：はい、それは許せないですよね。私もＡさんの立場だったら、頭にきて血管が破裂するかもしれませんでした。*8
Ａ：先生は、あんなこと、言われっぱなしで我慢しろというんですか？そんなこと、私にはできません！	ここに来て少しは落ち着きましたか？　それともまだカッカしてますか？*5
弁：だけど、双方弁護士が付いている場合に弁護士の頭越しに連絡を取ることは、問題があるのですよ。	Ａ：そりゃあまだ頭に血は上ってますよ。
Ａ：だって、期日で先生がビシッと言い	

返してくれないから。

弁：とにかく、今度、同じようなことが
あったら、代理人を続けることは難
しくなってしまいますよ。

A：……。

弁：でもこうやって話せるということ
は、少しは落ち着いていらっしゃる
と感じます。＊6

　そこでAさん、双方代理人が付い
て裁判所の調停が進行している状
況で、相手に直接連絡を取ってしま
うと、私たちの調停にも影響を与え
てしまう可能性があるので、しない
方がよいことはお分かりいただけ
ますよね。＊7

A：うーん、だけどね、先生。あんなこと
を言われて黙っていられませんよ。

弁：もちろんです。あんなことを言われ
て私だって黙ってられませんよ。＊8

　でも、嘘に対してやり返すなら、
やり返すことが当方にとって有利
になるようなやり方でやらない
と、もったいないとは思いません
か。今回みたいなやり方だと、むし
ろ相手にポイントを与えることに
なってしまいますよ。＊9

A：……それは分かります。でも……。

弁：やっぱり悔しいですよね。ただ、や
り返すときはタイミングをよく
計って、相手よりも有効な方法でや
りたいですよね。今日は反論材料を
検討してみましょう。

【通常の対応例】＊1では、相手の言い分を事実として依頼者に直接ぶつけて
いるので、依頼者からすると目の前の弁護士が相手方と一緒になって自分を責め
ているような感情を生じるでしょう。事実確認は必要ですが、工夫しないと＊2

のようにどうしても詰問調になってしまいます（過去の事実を聞く→〔スキル2-4〕（ⅱ）167頁）。＊3は、依頼者からすると弁護士の保身のためにその落度がないことを確認させられるというニュアンスを感じるかもしれません。

　【工夫例】＊4では、【通常の対応例】＊1のように相手方の言い分をストレートに伝えるのでなく、連絡があった事実（イベント）のみを「クッション」として提示して、次に依頼者の方から話してもらうように発問をしています。

> 💬　実務で使えるこのフレーズ
>
> ＊4「何でも～～ようなんですが」

　相手方の言い分を、確実な事実としてでなく、話者（弁護士）は本当かどうか分からないと疑っているニュアンスを示すための言葉です。反対に、（法律用語としては正確ですが）相手方主張を不用意に「相手方からこんな事実の指摘がありました」と伝えてはいけません[13]。依頼者にとって、それは「事実」ではないし「指摘」される筋合いのものではないからです。

　依頼者が興奮気味の場合、「落ち着いて」のように指示しても有効でなく（→〔スキル2-4〕（ⅴ）168頁）、〔例1-2〕（15頁）と同様に感情の「状態」を「言語化」して「伝え返し」（→〔スキル1-4〕（ⅰ）152頁）するなどにより、何らかの会話がなされることそれ自体によって、少しは鎮静効果があるのではないでしょうか。

> 🔍　実務で使えるこの着眼
>
> ＊5　興奮気味のときは状態を聞いてみる（問う）

　答えがどうであっても、＊6の「状態を言語化」する発問につながります。

　＊7は、【通常の対応例】＊3のように弁護士ＶＳ依頼者の構図になることを避ける話し方の工夫をしています。

> 💬　実務で使えるこのフレーズ
>
> ＊7「『私たち』の調停」

13　「クロスレファレンス民事実務講義」§407参照。

　私たちの調停手続、私たちの裁判、のように弁護士と依頼者は同じ方向を向いていることをさりげない言葉の中に表現できるとよいでしょう。

　＊8は依頼者の感情を受け止め「共感」を示しています（→〔スキル1-4〕（ⅱ）154頁）。

　＊9は、「正義はあなたにある（目的・動機の肯定）、でもそのやり方は相手を利することになる（方法の損得）」という話法で、依頼者の主観的事実は否定しないで受け止めたうえで利害によって納得してもらおうとするスキルです（→〔スキル2-2〕（ⅱ）163頁）。依頼者が無理なことを求めている場合（→〔例4-2-5〕112頁）と共通します（「善し悪し」でなく「損得」）。ここで続けて「だからこそ期日では、私はあえて何も言わなかったんですよ」と付言することもあるかもしれませんが（【通常の対応例】では依頼者から責められている）、弁護士の自己弁護はそれが必要とされる状況でなければしなくてよいものでしょう。

　【工夫例】の最後の場面から、前向きの打ち合わせに入っていければよいと思います。直接コンタクトについて再度注意をする必要がある場合には、次のように言って納得してもらうようにしてはどうでしょうか。

相手方に直接コンタクトしないように注意する

弁：これだけは大事なことなのでもう一度言わせてくださいね。もしAさんが、これからも代理人を飛び越えてYさんに直接コンタクトしてしまうことがあったら、たとえ私がAさんの力になりたくても、弁護士のルールで私はこの仕事を続けられなくなる可能性があります。そうならないように一緒にやっていきませんか。

A：……そうですね。

例 2-14　依頼者が隠していた事実が発覚したとき（1）

　依頼者Aは将来を嘱望されている若手医師。Aの妻Yは離婚調停を申し立てDVに基づく慰謝料を請求。甲野弁護士がAに確認したところ、Aは「私は殴っていません。むしろ、妻から蹴られて、私の歯が折れたことがあります。逆に私が慰謝料を請求したいくらいです」とDVを否定。Aは「いくら妻がDVを主張しても、証拠がなければ賠償する必要がないですよね」と言うので、弁護士は、

「そうですね。殴っていない、証拠がない、ということであれば賠償義務はないでしょう」と回答していました。

　そうしたところ、調停期日にＹから録音データが提出され、同意のうえで再生したところ、ＡがＹを何度も殴り引きずり回しているもので調停委員はじめ一同唖然とするような内容でした。

　次回期日までに対応案を検討することにして期日を終えた後の打ち合わせです。

△ 通常の対応例	○ 工夫例
弁：Ａさん「殴ってない」とおっしゃってましたよね。*1	弁：あんな録音が出てくるとは、本当に想定外でしたね。*3
Ａ：ま、そうですけど、先生は「殴ってないですよね」と、殴ってないことを前提とするような聞き方をされたから、私から殴ったなんて言いにくかったんですよ。「本当に殴ってないのか」と問い詰められたら「殴った」と答えてましたよ。	Ａ：うーん、ホントは殴ったことがあったけどちょっと言いづらくて。すみません。
弁：ちゃんとお聞きしましたよ。主張書面で「殴っていない」と明確に主張したのに、あんな録音が出てきたら、裁判所の信用も失いますよ。*2	弁：いえ、私の聞き方もよくなかったかもしれません。どのようなところがホントのことを言いづらくしてしまったのでしょうか？　今後の勉強のためにも、教えていただけませんか？*4
Ａ：こちらは素人なんですから、弁護士さんはそういったことも見通して聞いてくださるものじゃないんですか。	Ａ：先生から「殴ってないですよね」ってカンジで、殴っていないことを前提とするような聞き方をされたので「殴っていない」と言ってしまい、先生も忙しそうにされていたので、それ以降も訂正するタイミングを失ってしまいました。
弁：……。	弁：そうでしたか。申し訳ありません。私の側にお聞きする構えができていなかったのですね。貴重なご意見をありがとうございました。 　さて、録音が出てきたのは仕方が

ないので、録音があることを前提に
最善策を考えていきましょう。
A：はい。そうですね。よろしくお願い
します。

【通常の対応例】＊1は責めるニュアンスが濃厚にあり、＊2も裁判所に対する「弁護士の信用」を失ったと責めるニュアンスで、弁護士の保身も感じさせる発言です。

【工夫例】＊3は、事態を依頼者と共有していることを表しています。そして想定外のことが発生した場合には、想定できなかった弁護士にも責任がある可能性を考えてみるとよいでしょう。

> ▨▨▨▨ 実務で使えるこのフレーズ
>
> ＊4「今後の勉強のためにも、教えていただけませんか？」

【工夫例】＊4では、困った事態を機会に弁護士の聞き方の問題点についてフィードバックを乞うています。依頼者を責めるのと反対の効果を生むでしょうし、普段は聞けないことを失敗を機会として聞けるということは、マイナスを逆手にとって成長の機会を得るようなものです。

なお、依頼者の職業とか社会的地位に信用がある（と勝手に思い込む）人の言い分を軽率に信用してしまい、そのような思い込みにより痛い目に遭うことが結構あるものです。

例 2-15 依頼者が隠していた事実が発覚したとき（2）

DV保護命令の申立てを受け、審尋期日に呼び出されたという相談者A（夫）が来所しました。相談中、Aは「妻に手をあげたことは一度もない」と繰り返し述べ、「でっち上げ・冤罪DVなので助けてほしい、身の潔白を証明するために警察への通報記録等も照会してもらって構わない」と言い切り、審尋期日対応を甲野弁護士に求めました。

甲野弁護士は受任後、すぐA本人に個人情報開示請求をしてもらい、取得した警察への通報記録等一式を見ると、Aは過去何度も妻から110番通報をされて

おり、中には臨場した警察官に対して「半年に１回程度の頻度で妻を足で蹴ったことがある。その点は深く反省している」という発言の記録も含まれていました。

△ 通常の対応例	○ 工夫例
弁：どうして、足蹴りをしたことを言ってくれなかったんですか。*¹	弁：こういうやりとりがあったのですね。
A：「手」はあげていないって私、言いましたよね。	A：確かに足蹴りしたことになってますけど、私は「手」はあげていないって、言ったんですよね。
弁：手か足かは問題ではなく、暴力が振るわれたという点が問題なんですよ。*²	弁：なるほど。ただ、暴力が存在していることについて、この客観的な記録があること自体は、変えようがないですよね。*³
A：言い合いになればたまたま足があたることもあるし、そんなに強く蹴ってやろうと思ったわけじゃないんですよ。弁護士さんなら弁護できますよね。	A：なんとかなりませんかね……。
弁：……。	弁：その記録内容の意味について今後主張できることはするとしても、ともかくも、暴力が存在していた確実な資料がある場合に、DV保護命令の発令はやむをえないでしょう。そのことを前提に今後の対応を一緒に検討していくということでどうでしょうか。*⁴
	A：分かりました。

　DV保護命令事案は、（極端に簡略化すると）申立人側で暴力の存在を疎明さえすれば発令されます。相手方はごく短い期間で対応の準備をしなければなりません。時間的に切迫し気持ちの余裕のない依頼者は、本例のようにすぐ分かってしまうような虚偽を述べることもあります。この状況に限らず、不安感から虚偽を述べたり重要な事実を話せないこともあります。

　このような状況で【通常の対応例】＊１のように「なぜ言ってくれなかったのか」と問うことは、依頼者を責めていることになり、その上に＊２のように議論することは生産的ではないでしょう。

【工夫例】＊３では、人（依頼者）ではなく物（モノ、客観的資料）に注意を向けて（外部化→〔スキル2-5〕(i) 171頁）、依頼者を責めるニュアンスをできるだけ避けています。そして、＊４「客観的な資料だとこうなる」との見通しを述べ、将来へ視点を向けて（→〔スキル2-6〕(i) 173頁）立て直しを図る方向へと水を向けています。

例 2-16 ▶ 調停委員が依頼者を説得しようとしているとき

　面会交流を求められた家事調停で回数を重ねているところ、調停委員は依頼者Ａ（幼児を監護中）に対して、本日調停を成立させるべく説得しようとしています。しかし、Ａは本日決断する心の準備がありません（前回調停において、本日調停成立させるとの話はありませんでした）。

△ 通常の対応例	○ 工夫例
弁：ちょっと待ってください。Ａさんは、今はまだ決められないから、結論を急がせないでください。 調停委員：まあ、そうおっしゃいますけど、Ａさん、よく考えてくださいね。お子さんにとっては、やっぱりお父さんとの交流は必要なんですよ。もう何回も期日を重ねたのだからそろそろ決めないと。調停室の時間もありますし。 弁：結論を出すのは本人です。もう少し待ってください。 調停委員：（委員間でささやく）そろそろ評議をお願いすることにしますか。	弁：おっしゃるとおり、ここで十分考えなければならないことは私も同じ考えです。＊１ 　　これは、子どもにとって一生の大切なことですよね。＊２ 調停委員：そのとおりです。 弁：どのように交流するのがよいのか、そのやり方について、Ａさんは今も、一生懸命考えています。一生の大切なことですから、今ここではＡさんの心の準備がなかったので、Ａさん自身が答えを出せるように時間を少しいただければと思います。次回までに、十分に打ち合わせをしてきます。＊３

　調停が回数を重ね審判を目前にする段階でも、依頼者の納得が不十分である場合、その場での誘導に乗せられず、依頼者が自分のペースで答えを出せるように調停委員を説得して時間を確保したいものです。

「説得」のため、調停委員も仮にクライアントとみなして「受け止め」、そしてできれば「変える」（→〔スキル2-6〕173頁）ことを考えるとよいでしょう。【工夫例】では、まず＊1調停委員の発言のうち同意できる部分を選んで「受け止め」た格好を取っています。次に、＊2調停委員の言う趣旨を、「一生の大切なこと」と「翻訳」し、「問い返す」形式で同意を求め、＊3その同意された内容を利用して、調停委員を説得しています。ここでは、次回まで考える時間を確保しようとしていますが、状況次第では控え室でしばらく考える時間を確保すべき場合もあるでしょう。

例　2-17　依頼者が相手を「ぶん殴ってやりたい」と言うとき

暴行事件の被害者Aの依頼を受けた損害賠償請求の交渉事案。甲野弁護士から交渉の状況を知ったAは、相手方Yに対する憤懣の感情がこみ上げてきました。

△ 通常の対応例	○ 工夫例
A：えっ！　あいつ、そんなことを言ってるんですか。ゆ、許せない。	（同左）
弁：Aさん興奮しないで。	弁：そうですよね。＊1
A：これが興奮しないでいられますか。暴行しておいて、そんな言い草はないでしょう！	A：暴行しておいて、そんな言い草はないでしょう。
弁：Aさん落ち着いてください。双方に弁護士が入って交渉してるんですから。相手は相手なりの言い分を言ってくるものなんですよ。	弁：ほんとにそうですね。＊1
A：……。（取り乱している）	A：先生、私の悔しさをわかってもらえますか。
	弁：そりゃあ悔しいでしょう。＊1
	A：ぶん殴ってやりたいよ。
	弁：……殴りたいほどの気持ちなんですね。＊2

依頼者が怒りの感情に突き動かされている状態のとき、ケースによりますが、多くは【工夫例】＊1のように、まず感情を否定しないで「受け止め」ることにより、少しは静まっていくものと思います。「興奮しないで」「落ち着いてください」と言うだけでは収まっていません。「AさせたいならBと言え」[14]の「B」に

---

14 〔例1-2〕16頁の注3参照。

あたるのが「受け止め」です。結果的に「行動が止」まればよいのであり、【通常の対応例】のように無理に「怒りを止」めようとすることはないのです[15]。

そして、＊2「～ほどの気持ち」は、感情を「受け止め」てはいますが、少しずらして受け止め、殴る行為に同意はしていない意味の発語です（すり替えてでも→〔スキル1-4〕(iii) 155頁）。「殴ってやりたい」のようにその内容に同意できないことを言われた場合には、依頼者が表した感情に対して、そのような感情を抱くこと（主観的事実）はもっともなことであると「肯定」する姿勢を示すことで、依頼者は感情が整い、冷静さを取り戻していきやすいでしょう。

さらに、依頼者が怒りの感情を抱くことが明らかに予想されるときは、あえて弁護士自身の感情を先に出してしまうことも（自己開示→〔スキル1-4〕(iv) 155頁）、共感を示す方法としてありうるでしょう。

COLUMN　一線を越えた言い方で依頼者に寄り添うかどうか

＊2は、依頼者の感情発出について肯定する姿勢を示しているもので、依頼者の発した内容（同じ目に遭わせたい）には同意していないわけです。自力救済や暴行にあたる内容について、同意すると犯罪の教唆にもなりかねないので、弁護士としては非常に注意を要するところです。また、依頼者の心情に寄り添い共感するときでも、冷静な法律家の視点を忘れて依頼者と同一化してしまってはいけないわけです（かえって依頼者のためにならない）。

ただ、それらのことを重々理解したうえで、なお、依頼者の心情に寄り添うときに、外見的・一時的には一線を越えた言い方もありうるのか、意見が分かれるところと思います。

加害者と直接面談を行うことになり、その前の打ち合わせで依頼者に、「一発殴ってやったらどうですか。私がやっていいと言いますよ」と思わず口から出た、という弁護士の話を聞いたことがあります。結果的には、依頼者は「そこまで言ってくれる先生に迷惑をかけてはいけない」となって、面談も平静に行われたと聞きました。このような、弁護士としてはできないような発言をすることが、依頼者に寄り添う弁護士の姿としてありうるのか、個々の弁護士が自分の生き様としてどうなのか考えてみるとよい、と思った事例です。

15　土井・大久保編著「イライラ多めの」67頁、続けて「共感を得た人間は思考力が回復する」と説明しています。

例　2-18　「生き死に」の発言が出たとき

　近隣トラブルの相談で来所した相談者Aは、A自身の言うところでは精神的な問題も抱えています。事実関係を聴取して、民事調停によるほかなく、また時間的にすぐには解決しないことを説明する流れになったところ、Aから「生き死に」の発言が出てきました。

△ 通常の対応例	○ 工夫例
弁：ですから、近隣同士ということもあって調停を申し立てるにしても、すぐには解決するような問題ではないですよ。	
A：解決しないということなんですね。どうしてこんなにうまくいかないことばっかり……私が死ねばいいということなんですか。私なんか生きてる価値がないんだ。（非常に悲観的な様子）	（同左）
弁：（え？）ちょ、ちょっと、待ってください。そんな死ぬようなことじゃないでしょう。*1	弁：（ああ……）ちょっと待ってください。今は、死にたいほど辛いお気持ちなんですね……。*2
A：……。（一層暗い表情）	（→〔例2-19〕別展開あり）
弁：とにかく、すぐには解決しなくとも調停の手続で話し合いによって、いずれは解決しますから。	A：……そうです。
A：……。（まだ顔色が悪い）	弁：……やはり、解決できる可能性のある方法としては民事調停の手続がよいと思いますよ。*3
	A：でもすぐには解決できないんですよね。
	弁：裁判所の調停委員会の力をお借りして紛争を解決しようとするわけですから、どうしても、一定の時間はかかります。ですけれど、何もし

なければ何も解決しないことは確かですから、少しでもAさんの状況を良い方向に変えるためには、調停の手続を取ることをお考えになったらいいんじゃないかな、と私は思っています。＊4

【通常の対応例】＊1「死ぬようなことじゃない」という発語は、死に値するか否かという議論をしている面があり、かつ、Aの発言を否定しているので、その刺激によってAの状態がさらに悪化しているようです。Aの発したマイナス感情が、弁護士の言葉によりブーメランのようにAに帰っていく、そんなときがありますね。

【工夫例】＊2は、Aが死にたいほどの感情を抱いていることの限度で「受け止め」る表現です[16]（→前例〔例2-17〕と同様、〔スキル1-4〕(ⅲ)155頁）。続く説明＊3と＊4は、「裁判所の調停委員会の力」「解決できる」「良い」などできるだけポジティブな言葉を盛り込んで、Aが落ち着いて説明を聞ける心理状態に戻れるかどうか、様子を見ています。落ち着けるようであれば、Aが陥っている、すぐ解決するか・死ぬかという「二者択一」の呪縛から逃れられる援助ができるとよいでしょう。

もちろん、弁護士としてはその場を取り繕うために、実現できない約束をしたり、過度な期待を持たせたりしてしまうことはできませんので、＊4正確な説明も交えます。また、＊4では、あなたは調停手続を取るほかない、というメッセージを和らげるために、「私は思っている」と「わたしメッセージ」で話しています。

なお、多少の工夫はあっても【通常の対応例】と大差はないので、相談者の状況によってはこのような対応ではうまくいかず、法律相談を終了せざるをえないこともあり、可能な限り他職種専門家との連携や、医師等の受診を勧めることが適切な場合もあるでしょう（受診を勧める場合は→次例〔例2-19〕及び〔例5-2-5〕135頁）[17]。

---

16 土井・大久保編著「イライラ多めの」63頁参照。
17 土井・大久保編著「イライラ多めの」61頁以下に有益な説明があり参考にさせていただきました。

例　2-19　「生き死に」の発言が深刻なものか分からないとき

前例〔例2-18〕の状況で、「生き死に」のフレーズが出ましたが、それが深刻なものかどうか分からない場合です。

△ 通常の対応例	○ 工夫例
弁：ちょっと待ってください。今、死にたいほど辛いお気持ちなんですね。 A：……。	弁：……以前にもそのようなお気持ちになることがおありだったのですか。*1 A：あ、いえ、ちょっと大袈裟に言っただけです。 弁：私は法律問題について精一杯アドバイスさせていただきますので、もし心理的な問題で辛かったり体調に影響するようでしたら、どうかためらうことなく心理の専門家やお医者さんに相談してくださいね。*2

依頼者の口から、言葉として「生き死に」に関わるフレーズが発せられたとしても、常に文字通りに受け止めることが適当なケースとは限りません。依頼者の気持ちを一層沈んだものにしてしまうかもしれません。

【工夫例】＊1は、「今、ここ」でなく、以前すなわち「別の時点」に「視点を変えてみる」問いにしています（一般に過去の行動をトピックにすることは否定的な意味合いを含みやすいものですが→〔スキル2-3〕(iii)165頁、ここでは場面が違います）。深刻な意味で言っていたのではない場合には、平常に戻ってくれるかもしれません。しかし、もちろんそうではなく深刻な場合もありうるわけですから、＊2心や身体に問題が生じているようであれば、心の専門家への相談を勧め[18]（→〔例5-2-5〕135頁も参照）、他職種専門家連携など可能な対応を取ることになります。

18　土井・大久保編著「イライラ多めの」116頁以下参照。

第 3 章

依頼者を力付ける場面

1　関係性が乏しい場合

例　3-1-1　「和解したくない」と言われたとき

　交通死亡事故の被害者遺族Ａが依頼者の損害賠償請求事件（被害者側にも一定の過失がある）。加害者は保険会社任せで、これまでに遺族への謝罪など真摯な対応をしていません。民事訴訟を提起し、双方が一通り主張立証を行った段階（尋問前）で、裁判所から和解による解決の打診がされた状況です。

△ 通常の対応例	○ 工夫例
弁：先日の期日では、裁判所から、双方に対して、和解によってこの事件を解決する意思があるかどうかという質問がありました。 Ａ：……和解ですか。 弁：和解とは判決でなく、双方の意見を出しながら和解案を調整してまとめていく、裁判所での話し合いです。 　今はこれまで双方が主張立証を行ってきて、あとは尋問を行うかどうか、という段階です。この段階で裁判所が和解を進めてくることは一般的なことです。Ａさんのお考えはどうでしょうか。 Ａ：うーん……和解ですか。どうも気が	弁：先日の期日までに、Ａさんとしてこの事故に関して裁判所に伝えるべきことを伝え、そのために必要な証拠の資料も全て出しましたね。お疲れさまでした。*2 　相手も同様に、出すべきものは出した、ということでしたので、裁判所からは、尋問前の段階で、「話し合いによる解決」ができないか、お互い考えてみませんか、という打診がありました。*3 Ａ：どういうことでしょうか。 弁：裁判というと、普通は裁判所が判決で白黒付けるというイメージが一般的だと思いますが、裁判の途中で

進まないな。

弁：Aさん、判決では白か黒かの決着に
　　なります。本件では、幾つかの争点
　　で良い結論・悪い結論、どちらもあ
　　りうるところですから、まずは和解
　　のテーブルについて、判決になった
　　場合のメリット・デメリットを考
　　えながら対応することでいかがで
　　しょうか。＊1

A：先生がそう言うなら……。

話し合いによって合意できれば、裁
判所が合意した内容を書類に残し
て、事件を終了させることもできま
す。尋問に進んでしまうと、どうし
てもお互いに攻撃的なやりとりに
なりがちですから、その手前の段階
で話し合いをしませんか、というこ
とです。＊4

A：そうなんですね。

弁：話し合いによって合意できれば、和
　　解という形で裁判は終わります。た
　　だ、法律上は「和解」と呼ばれます
　　が、合意したからといって、相手と
　　握手して仲直り、ということではあ
　　りません。無理に仲直りしなくてい
　　いですよ。＊5

A：そういうことなら、話だけでも聞い
　　てみようかな。

　【通常の対応例】＊1はごく普通の説明で悪くはないですが、依頼者の反応に
より依頼者が「和解」そのものに対して気が進まない、あるいは警戒的なことが
分かることがあります。このような場合には、＊1はやや堅い説明であり、依頼
者／裁判所・弁護士の位置で和解を進めている感じを受けます（立ち位置→〔スキ
ル1-4〕(iv)155頁）。

　【工夫例】＊2は、主張立証を尽くしたことについてAさんの側に立ってその
労を「ねぎらう」形で伝えています。なお、＊3の「尋問」という言葉は負の感
情を生じさせるものですから（→〔例1-17〕37頁）、事前に説明していることが前提
になります。

　「和解」というと、一般的には「許す」「仲直りする」というイメージがあり
ます。したがって、本例のように、死亡事故の遺族で、加害者側が不誠実と感じ
られる対応の場合は、いきなり「和解」という言葉を使うと、なぜあんな奴と

「和解」しなければならないのか、という抵抗が生じてしまい、和解に向けた打ち合わせが進まないことがあります。依頼者の相手方に対する悪感情が激しい場合には、「和解」という言葉を使うべきかどうかも考え、＊4のようにまず「裁判所における示談」、「合意による解決」などの用語から始めて、＊5法律用語としての和解であって「仲直りしなくていい」ということを後に説明することも考えられます。

> ••••••• 実務で使えるこのフレーズ
>
> ＊5 「仲直りしなくていい」

「和解した方がいい」と勧めることは、「仲直りしなさい」という心理的な強制の要素を含んでいると感じられるかもしれないことから、逆に「仲直りしなくていい」というメッセージを伝えることによって、和解に向けた土壌形成の助けになるかもしれません。そしてその土壌のうえで「善し悪しでなく損得」を考える方向へと変わることを助けられたらよいと思われます（納得→〔スキル2-2〕(ⅱ) 163頁）。

例　3-1-2 ▶ 相談者がなかなか提訴に踏み切れないとき(1)

相談者Aは、B型肝炎訴訟の原告となる要件を満たし、提訴すれば1250万円の損害賠償請求が認められそうな状況なのに、Aは「私はそんなに困っていなかったから……。国から、そんなにたくさんのお金をもらっては悪いと思うし……」と言ってなかなか提訴に踏み切れません。

△ 通常の対応例	○ 工夫例
弁：訴訟の要件は満たしそうですので、提訴すれば1250万円をもらえる可能性は高いと思いますよ。 A：そうなんですね。でも、私、そんなにお金に困ってないし、年に4回ほど検査で通院するくらいで、状態も悪くないのに、1250万円ももらうなん	（同左）

弁：いえいえ。いつ悪くなって治療費がかかるか分かりませんし、もらっておいた方がいいのではないですか？多くの方がもらっていますよ。私が担当しただけでも100人以上はいますよ。

Ａ：そんなにたくさんの方がいるんですね。その方たちは、症状が悪くて苦しんだ方ですか。

弁：それはそうですね。

Ａ：私は、そこまでじゃないので……。やっぱり、なにか、悪いような気がします。

弁：お決めになるのはＡさんですから、最終的にはご自分で決めてください。＊1

弁：たしかに、1250万円と言われると、大きな金額ですね。それを聞いて、考えてしまうＡさんはとっても誠実な方なんですね。＊2

Ａ：そうでもないですけど。

弁：ただ、例えばですけど、「慢性」肝炎なんですから、将来どこかの時点で状態が悪くなることもありえるのではないですか？＊3

Ａ：ああ、それはそうかもしれませんね。

弁：そうすると、体調が悪くなってから裁判をするのも大変ですので、万一悪くなった場合に備えて、今のうちに裁判で「区切り」をつけておくというのはどうですかね。＊4

Ａ：そうですね。何事も元気なうちにやっておくのがいいですかね。

　【通常の対応例】の＊1は正しい内容ですが、突き放してしまっているので、工夫が必要と感じられます。

　【工夫例】＊2は相談者を否定せず、相談者の人柄を肯定して讃え「受け止め」返しています。次の＊3は「例えば」と付言して選択肢を示しています。

> ■ 実務で使えるこのフレーズ
>
> ＊3 「例えば」

　これは決して弁護士が説得をしようとしているのではないことを示しつつ、相談者に視点を変えて未来のことなどを考えてもらう（→〔スキル2-6〕（ⅰ）173頁）きっかけを投げかけているものです。「例えば」は伝え方を少し柔らかくする効果がある言葉です。

　＊４は、＊３で投げたボールに対して出てきた相談者の意見を受けて、そうで
あれば「区切り」をつけるために提訴に踏み切ってはどうか、と提案したもので
す。「区切り」をつけたい、つけるために弁護士に依頼したいという依頼者は多
いと感じます。

例　3-1-3　相談者がなかなか提訴に踏み切れないとき（２）

　相談者Aは、古いアパート一棟の所有者です。筋の悪い賃借人Yは、賃料を２
年分ほども滞納し、部屋の内外をめちゃくちゃにしているので、A夫婦が退去
を求めたところ、逆ギレして自宅に押しかけられAの妻はとても怖がっています。

　Yは元反社という噂もあり、Aは無理に退去を求めると何をされるか分から
ないと恐怖があるものの、でも出ていってほしい、でも怖い、ということで一歩
を踏み出せていません。

△ 通常の対応例	○ 工夫例
弁：法的には賃料未払いを理由に契約を解除して、明け渡し請求訴訟を提起するのがいいですよ。 A：しかし、Yは前のように押しかけてきて、暴れたりして、私や妻が危害を受けないか心配で。先生にお願いすれば、絶対、私たちに危害は加えられないって保証されますか？ 弁：それは何とも言えません。保証はできません。ただ、確率は減りますよ。そもそも、そんな危害を加えてくる人なんて滅多にいませんから。 A：そうはいっても、私がいない間にもし家に来られて、妻にもしものことがあったら、心配なんです。 弁：先ほども申しましたように、法的には出ていってもらえるんですよ。危	弁：それはご心配ですね。絶対ということは私どもは言えないのですが、弁護士が入れば私が窓口になりますから、ご心配は減ると思いますよ。＊１ A：やっぱり心配は残るんですね。 弁：押しかけられたこともあるのですから、警察にも事前相談しておいて、押しかけてきたらすぐに警察に連絡する体制を作っておくことで不安は軽くできると思います。＊２ A：ええ……。 弁：ところで、Yのことが心配だからといって、このままにしておいても大丈夫なのですか？＊３ A：……いえ、それは困ります。実は、やっとこのアパート一棟の購入希望

害を加えられそうになったら警察の問題ですから、裁判をやるのかやらないのかはAさんがご自分でお決めになるしかないんですよ。

A：う〜〜ん。どうすればいいのかなぁ。

者を見つけたのですが、問題のYを追い出してからでないと買ってくれないんです。

弁：それだったら、ますます、出ていってもらう方向で動く必要がありますね。

今後私が窓口になって、YにはAさんご家族に接触することを差し控えるように通知します。Aさん、警察とも連動して注意しながら、勇気を出してやっていくという方向もあると思いますが。*4

A：そうですね。古いアパートを処分して、息子たちにすっきりと財産を渡したいと思ってました。少し勇気を出さなきゃいけませんよね。

　Aさんは、「怖い」という思いから、100％の安全か否かという「二分法の罠」に陥っていたようです。

　【工夫例】＊1で、弁護士が窓口になること、＊2でさらにリスクを軽減する方法について説明していますが、納得までには至っていません。そこで、ひとまずは「怖い」・「100％の安全」という「二分法」から視点を変えるきっかけを作るため（→〔スキル2-6〕(i) 173頁）、＊3で「このままでよいのか？」と問いかけをして少し待ちます。「アパート一棟を売りたい」という本来の動機を思い出してもらい、優先順位を再認識してもらうことを目指していますが、その答え次第なので、待つ必要があります。もちろん、この点は人によるので、怖がっている度合いの高い人にはストレスをかけるだけで効果がないこともあるでしょう。本例では、怖いが何とかしたいという気持ちの方が強いということを、＊3までに感じ取って問いかけをしたものです。

　そして、＊4で不安を軽減する具体的な対応策を伴って、再度提案しています。ここでは提案といっても、「勇気を出してやっていきましょう」でなく、

「という方向もあると思いますが」と婉曲な言い方にとどめて、本人から意思決定できるように待つ工夫をしています（提案→〔スキル2-2〕(ⅲ) 163頁）。

2　既に関係性ができている場合

例　3-2-1 ▶ 依頼者が「もううまくいかない」と悲観するとき

　調停手続で、双方の主張がにらみ合って少し長引いてきました。依頼者Aは「もう、うまくいかないんじゃないか」「相手の言うことを呑んで早く終わらせた方がいいでしょうか」と不安になっています。

△ 通常の対応例	○ 工夫例
弁：Aさん、そんなに悲観しないで。こちらの主張は筋が通っているんだから、相手の主張を呑んでしまうことはないですよ。*1 A：そうですよね。ただ、お互いの主張がいつまでも平行線だと、もうあきらめた方がいいのかなとか思うんです。 弁：そんなに心配しないで。心配しても状況は変わりませんよ。*2	弁：Aさん、体調は大丈夫ですか。このところ寝られてますか。*3 A：何とかなってます。調停の前後はちょっと色々考えたりして、お互いの主張が平行線だともうあきらめた方がいいのかなとか思うんです。 弁：でも、Aさん、辛いときは誰でも色々考えてしまうと思いますが、局面はいずれ変わります。例えば、今まで、朝がこない夜があったでしょうか？*4 　裁判も同じなんです。

　【通常の対応例】＊1、＊2はごく普通のやりとりですが、依頼者の状況によってはストレートすぎるかもしれません（依頼者の表情から分かるはずです）。

　【工夫例】も大差はないですが、＊3は依頼者の周りのことについてケアに似た問いかけから始めています。＊4は説得の一種ですが、【通常の対応例】＊1と比べると、内容についてでなく依頼者の主観的受け止め方について陳腐ながらレトリックを交えた働きかけで（レトリック→〔スキル2-4〕166頁）、自己肯定感の低いAの変化を助けることを目指しています（〔スキル2-6〕(ⅱ) 174頁）。このよう

な言い方は、一面でキザともいえますので、例えば、「私の尊敬する先生の言うことによれば」などとクッションを入れて話すこと（→〔例5-4-1〕142頁）もよいと思います。

例　3-2-2　依頼者が仮定に仮定を重ねる質問をするとき

　依頼者Aは自身の不貞行為が配偶者Yに発覚し、離婚と慰謝料、財産分与を求められています。Aは不貞の事実は認めているものの、Yがどの程度の証拠を持っているのかは不明な状態です。

△ 通常の対応例	○ 工夫例
A：Yは確たる証拠は持っておらず、カマを掛けているだけということはないでしょうか。	
弁：可能性はありますが、不貞が事実ということであれば、相手が確実な証拠を押さえているという前提で対応すべきです。不貞を否定した後で決定的な写真などが出てきたら、リカバリー不能ですから。	（【通常の対応例】のように仮定に仮定を重ねた質問が続いている）
A：Yも実は不貞をしていたということならどうなりますか？	
弁：そういう事実があるのですか？	弁：Aさん、そういう事実がもしあるなら、それはキッチリ検討しなければなりませんね。
A：確証があるわけではありませんが……。	
弁：その場合は、Aさんが離婚を争うなら、Yさんからの離婚請求は当面認められないことになるでしょう。	ただ、仮定の話の検討のために、限られた時間を使って本当に大事なところの検討がおろそかになってはAさんにとってよくないのではないでしょうか。*1
A：私が不貞に走ったのは、Yが先に不貞をして夫婦生活がなくなったからということなら、私の責任は軽くなりませんか。	どうでしょうか。検討用の表を作ってみますので、Aさんがこの場

弁：そうなのですか？

Ａ：そうだとして、どうでしょうか。

弁：それが立証できれば責任は軽減される余地はあるでしょうが、結論はほとんど変わらないでしょうね。

Ａ：でも、自分から不貞に走ったのではないとしたら、結論が変わらないのはおかしいじゃないですか。

弁：Ａさん、仮定の話を前提にご不満を言われても困ります。不貞があるとの主張に対してどう対応するかが問題でしょう。

Ａ：いや、でもね。相手に不貞があるかどうかでこちらのリアクションも変わってくるはずでしょう。

弁：Ａさん、ですからね……。（忍耐力が切れかけている）

合はどうなるのかと仮定する事情と、そういう事情があったとＡさんが考える根拠を埋めてもらって、次回、ここはしっかり検討が必要だねというところを一緒に確認していきませんか。＊2

　仮定の質問が全くの空想でなく、内容的にありうる場合は丁寧に答えるべきですが、仮定に仮定を重ねる質問は、応答が難しく時間等の資源（リソース）の空費になりがちと感じられます。

　そこで、【工夫例】＊1で検討のための資源が有限であることに注意を喚起していますが、考え方の誤りを正すのではなくＡさんの利益にならないことを述べることが肝要です（正誤でなく利害→〔スキル2-2〕（ⅱ）163頁）。

　＊2では、視覚化した表を、本人にそう思う根拠を書き入れる作業をしてもらって作成することを提案しています。

🔍　実務で使えるこの着眼

＊2　依頼者自身に、書き入れる作業をしてもらう

　＊2の提案は仮定質問の連鎖になっている流れをいったん中断し、「仮定」が

どの程度ありうることか一番分かっている本人の手で作業する過程で、認識と感情が整理される効果を狙っています。来所前には「あれも聞こう、これも聞かなきゃ」「待てよ、あれはどうなる？」などと未整理の状態になっていたことが想定されますが、資源を投入すべきでない仮定について自然に淘汰されてくることが望ましいケースです。

例　3-2-3　関係のある依頼者を久々に事務所に迎えるとき

　Ａは小さな会社を経営しています。弁護士は、かなり以前に事業に関する簡単な相談を受けたことがありますが、今回、Ａから経営に関してちょっとした相談をしたいとの連絡がありました。

△ 通常の対応例	○ 工夫例
Ａ：先生、お久しぶりです。 弁：お久しぶりですね。お元気でしたか。今日はまた、何のご相談でしょうか。	Ａ：先生、お久しぶりです。 弁：お久しぶりです。今日はＡさんがおいでになるというので、朝からワクワクして待ってました。その後、事業の方はいかがですか。

　【通常の対応例】はごく普通の対応です。ただ、既に一定の関係性があり、弁護士として関係性をさらによくしたり、何か新しい発想を得たいなどと考える場合、久々の「相談したい」という絶好の機会を活かさない手はありません。【工夫例】では、話者（弁護士）がＡさんを注目していることを示し（Ａの良い姿を想起することによって実際にワクワクすることもあるはずです）、注目されるＡさんの「自己肯定感」を一層高める（力付ける→〔スキル2-1〕(ⅲ)162頁）助けをしています。この次は、Ａさんから弁護士の助けになるような相互作用が生じるかもしれません。

例　3-2-4　依頼者に改めて行動をお願いするとき

　遺言無効確認訴訟の係属中ですが、依頼者Ａは亡父から貰った重要な意義のある手紙を引越しの際に紛失しています。弁護士は、受任時に「手紙がないとＡの望む立証は難しい」との見通しを説明し、Ａも納得のうえで委任したもの

です。現在は訴訟の大詰めで、人証が行われる直前の打ち合わせの状況です。

△ 通常の対応例	○ 工夫例
弁：では、打ち合わせしたとおりAさんの陳述により何とか裁判官を説得しましょう。それにしても、あの手紙があればいいのですがねえ。*1 A：申し訳ありません。散々探したので、ないものはしょうがないです。	弁：では、打ち合わせしたとおりAさんの陳述により何とか裁判官を説得するように頑張っていきましょう。それから、Aさん、何度かお願いしましたが、思いも付かぬところにひょいと手紙があるかもしれません。念のため、改めて探してみましょうよ。*2 A：そうですね。今回はありそうもないところをもっと探してみます。

　【通常の対応例】＊1は、言わずもがなの嘆息で、雰囲気は下がり、依頼者の行動にもつながらないでしょう。

　【工夫例】＊2は、微妙な差ながら、可能性は乏しいにしても依頼者の行動につながるような「促し」をしています（→〔スキル2-2〕(ⅲ) 163頁）。見つかる可能性が低いモノであっても、「ダメもとで探してみましょう」と言い続けることには意義があります。促し続けることは、依頼者とチームとして前向きな行動を続けることに弁護士がコミット（関与）していることを言動で示しているといえるでしょう。

🔍 実務で使えるこの着眼
ダメもとでも探してもらうように促し続ける

　たとえ、訴訟の結果が期待どおりのものでなかったとしても、依頼者はできることをやり切った、弁護士も積極的にコミットし続けたということが、チームの穏やかな解散につながりうるものです。

第 4 章

依頼者が「変わる」ことを助ける場面

1 関係性が乏しい場合

例 4-1-1 依頼者の考えを変えたいとき(リフレーミング)

　兄弟二人が相続人の遺産分割調停の場面です。依頼者Ａは東京に住んでいるが○○県にある実家を残すことを希望し、実家の隣接地に住む兄Ｙは、実家を売却して現金で分けたいと希望しています。

△ 通常の対応例	○ 工夫例
Ａ：亡父母の思い出がいっぱいの実家を売却するなんてとんでもない。お互いそんなにお金に困っているわけじゃないんだから、実家も２分の１ずつ共有すればいいと思うんですよ。	(同左)
弁：なるほどお気持ちは分かりました。ただ難しいですね。合意できなければ、遺産分割審判になりますが、どちらかが取得して代償金を支払うと判断されるか、あるいは換価分割か、２分の１の共有が認められるか。共有の場合は後に共有物分割の裁判を提起される可能性もあります。何かと面倒かと思いますが、それでもいいのでしょうか。*1	弁：なるほどお気持ちは分かりました。親思いのＡさんなんですね。私自身も、もう少し先になったらどうしようか悩みそうなので教えてくださいますか。*2
Ａ：面倒だからといってひるむことは	Ａさんのご実家はかなり遠くですが、今後はどんなふうにメンテナンスしていかれるのでしょうか。
	Ａ：生前のように盆と正月休みに帰って風を入れる……くらいかな。私もそうそう帰れないし。

したくないですね。

弁：では、次の期日では、実家売却案を強く拒否することにしましょう。

弁：Yさんは協力してくれるでしょうかね。

A：それはしないだろうね。

弁：もし野良猫が住み着いたり、かびが生えたりすると、もしかすると亡くなられたご両親さまも居心地がよくないってことはないでしょうか。*3

A：……そうかもしれませんね。

弁：ご両親さまの思い出を大事にするって、もしかしたら他にも色々な方法があったりすることはないでしょうか。*4

　【通常の対応例】はごく普通のやりとりと思いますが、＊１「面倒ですよ」という弁護士のアドバイスに反発して、より一層実家を残すことに固執しています。しかし、亡父母の思い出を大事にしたい、という依頼者の思いを実現する方法は実家をそのまま残すことだけではないでしょう。【工夫例】＊３、４のように「思い出を大事にしたい」という思いの「意味」・枠組み（フレーム）を、「リフレーミング」（→〔スキル2-6〕(ii)174頁）により変わることを支援できる可能性があります。

> 🔍　**実務で使えるこの着眼**
>
> 依頼者の認識の枠組みが変わる（リフレーミング）

　【工夫例】では、依頼者にとってベターな和解案・調停案を依頼者が了解できるように、依頼者が抱いている「意味」について、対話を通じてリフレーミングすることを試みています。このようなリフレーミングは、「調停者」のスキルとして語られることがありますが[19]、弁護士と依頼者の関係でも有効な場合があるでしょう。

　【工夫例】＊２では、問いの不自然さを緩和するため、「私自身も〜〜悩みそうなので教えてくださいますか」（「自己開示」の一種→〔スキル1-4〕(iv)155頁）と

19　草野芳郎「和解技術論〔第２版〕」、廣田尚久「若手法律家のための和解のコツ」ら参照。

言っています。この弁護士は、遠くの実家にこだわるＡが、今後現実的には密接に関わることができないのではないか、という疑いを持って聞いています。しかし、「そうはいっても、きちんとメンテナンスできないのではないですか」などと意見を言うと反発を受けるでしょうから、弁護士自身の将来の悩みであり人生の先輩である依頼者に教えてほしいという姿勢を取っています。意見を言わずに、その意見の内容を依頼者に気付いてもらうように水を向けるものです。

　＊３までの問いにより今後実家がどうなっていくかをＡにイメージしてもらったところ、＊４で「両親の思い出を大事にする方法」は他にも色々ありうることに注意を向けています。

　Ａさんは「実家を残す」ことに囚われていましたが、実家を残すこと自体に意味があるのではなく、それは「思い出を大事にする」方法の一つだと再解釈「リフレーミング」してその気付きを促すことを試みているわけです。ここは弁護士による説得でなく、あくまでも本人の「気付き」を促す場面ですから、かなり控えめな表現を使っています。

例　4-1-2 ▶ 依頼者に「社会正義に反する」と言われたとき

　依頼者Ａは相手方Ｙに対し強い反感を持っており、交渉受任後の打ち合わせでしばしばＹを強い言葉で非難しますが、Ａが求めている内容は基本的に妥当なものと判断した弁護士は引き続き受任しています。ただ、今回の打ち合わせでＡがしてほしいという主張はＡの利益にならないと、弁護士は考えています。

△ 通常の対応例	○ 工夫例
Ａ：こんなＹがのさばることは社会正義に反しますよ。弁護士は正義を実現するんじゃないんですか。	（同左）
弁：それはそうですが、この件で社会正義の問題はちょっと違うと思います。	弁：なるほど、Ａさんはとっても正義感の強い方なんですね。＊1
Ａ：違うって、どう違うんですか。	でもどうでしょうか。この主張をすることでもしＡさんの不利益に
弁：ともかく、この主張をすることはＡさんの利益にならないと考えられるんですよ。	なったら、結果として社会正義にも反してしまうと、私は思うんですよ。＊2

　相談者・依頼者との面談で、「社会正義」という言葉が出てくることは、しばしば経験します。そのようなときの社会正義は、多くは依頼者の「心情」の表現なのですから【通常の対応例】のように社会正義について議論になることは生産的ではないと思われます。

　【工夫例】は、＊1で依頼者を「讃える」（→〔スキル1-4〕(v) 156頁）意味の発言により「受け止め」たうえで、＊2で「社会正義」の言葉の意味を微妙にリフレーミングして納得してもらおうとする例です（悪くいえば意味を「すり替え」て→〔スキル1-4〕(ⅲ) 155頁）。もちろん、基本的な狙いは「善し悪しでなく損得」で考えてもらえるようになることです（→〔スキル2-2〕(ⅱ) 163頁）。

　なお、＊2は文尾を「わたしメッセージ」（→〔スキル2-4〕(ⅳ) 167頁）で述べています。客観的な正しさの議論になることを避けるため、断定でなくあくまでも話者が感じたこととして「ワンクッション」を置くためです。

例　4-1-3　依頼者が虚偽主張を要望するとき

　労働者から残業代請求訴訟を提起された被告会社が依頼者です。依頼会社の勤怠はタイムカード（紙媒体）で管理されており、第一回口頭弁論期日に原告代理人から証拠となるタイムカードを開示するよう求められました。

　タイムカードの提出を依頼したところ「タイムカードは従業員が誤ってシュレッダーにかけてしまい、廃棄した。データも残っていない」とのことであり、第二回期日においてその旨回答しました。以下は、第三回期日準備のための依頼会社の担当者Aとの打ち合わせです。

△ 通常の対応例	○ 工夫例
A：先生、実は……従業員が間違ってシュレッダーにかけてしまったというのは……嘘なんです。ここにそのタイムカードがあるんですが、裁判では「誤廃棄した」で通していただけますか。	（同左）
弁：え、どうして最初から本当のことを言っていただけなかったのですか。	弁：……なるほど。言いにくいことを率直に言ってくださってありがとうご

それはできないですよ。*1

A：長いつきあいじゃないですか。先生頼みますよ。

弁：弁護士は法律や職務基本規程によって真実義務があり、嘘をつくということはできないんです。*2

A：えっ！　じゃあ、次の裁判で重ねてタイムカードが問題になったら先生は「ある」と答えなきゃいけないってことですか！

弁：致し方ないかと。

A：……そういうことでしたら、先生にお願いしている件も少し考えさせていただきます。

ざいます。ただ申し訳ないですが、それはできません。*3

A：長いつきあいじゃないですか。先生頼みますよ。

弁：弁護士は積極的に嘘をつくことはしないという職業上のルールなんです。*4

A：じゃあ、次の裁判で重ねてタイムカードが問題になったら先生は「ある」と答えるってことですか！

弁：そう答えたくはないところですよね。*5

　今、お話を伺って考えているのですが、可能性としては、本来存在するはずの文書が提出されない場合、裁判所から文書提出命令というものが発令され、さらに場合によっては、原告の主張するとおりの残業代が認められてしまうこともありうるのですね。*6

A：え！　そんなのがあるんですか！

弁：色々な可能性のもとで、文書提出命令が発令される場合を含めて、御社にとってのリスクの程度をシミュレーションしてみようかと思いますがどうでしょうか。*7

A：なるほど。

弁：Aさん、繰り返しますが私は司法手続において虚偽の事実を述べることはできません。でも、御社の立場で考

えると、正直に話をして早期に和解でまとめた方が、経済的な合理性があるかもしれないと、私は考えているところです。*8

　本例は「実は〜」と虚偽を明かされたうえで、虚偽を主張することに協力を求められる場面です。弁護士としてありうる悩ましい状況の一つですが、虚偽主張の要望については、弁護士として明らかに肯認できません（職務基本規程14条参照）。

　このような場合は「利害」をもって説得、つまり依頼者の要望どおりにすることが結局は依頼者の利益にならないことを説明し、その認識を変えるように努めることが多いでしょう。

　この先、相手方から「タイムカードがない理由を明らかにされたい」などの求釈明が想定されますが、代理人として「被告会社において紛失した」と回答することは、真実をないがしろにするもので（職務基本規程5条参照）、訴訟における不正な行為にあたり（同14、21、74条関連）、当然できません。一方、依頼者の意思に反して準備書面等で真実を主張することは、協議義務（同36条）を尽くしていないことを意味し、依頼者に対する守秘義務違反（同23条）も問題となり、これもまたできません。協議を尽くしても了解されなければ、辞任するほかないところです。

　本例では、依頼者が弁護士を信頼して真実を語ってくれた点については肯定的に受け止めるべき面があり、一方で、弁護士としては虚偽主張を肯定しない姿勢は明確に示す必要があります。

　【通常の対応例】の対応に問題があるわけではありませんが、*1では虚偽を語った過去を責めることになり、将来への展開の芽を摘むことになってしまいます。また、*2では虚偽主張できないことを法や規程を理由に説明しようとしています。そのことに問題があるわけではありませんが、本例に限っていえば、できない理由の説明よりも、できない「姿勢」を示すことの方が有益かと思います。また、理由の説明に対しては、なぜかという議論になりやすい面もあります（しかも「真実義務」など様々な議論があるところで突き詰めると困難な問題です）。

　【工夫例】*3では、今、本当のことを語ってくれたことは肯定し「受け止め」

たうえで、私・弁護士は、虚偽は語らないという姿勢を明確に示しています。＊4はその姿勢を「しない」と表現しています（＊2と対比）。一方で＊5は限定的ながら共有できる部分を作っています。次の「これから」の視点への伏線になります。

> ██ 実務で使えるこのフレーズ
>
> ＊5「そう答えたくはないところですよね」

これに続いて、＊6、＊7、＊8と順を追って「これから」（将来）できることを提案しています。＊6は、依頼者にとってリスクが発生する事態として、文書提出命令発令とそれに続く提出拒絶の際に問題となる真実擬制を受ける可能性を説明しています。裁判所がそのような発令をすることが多いとはいえないと思われますが[20]、可能性があるという留保を付して説明することは許容範囲ではないかと思います（ここは各弁護士の価値観に関わるところかもしれません）。

例 4-1-4 ▶ 「相手の親に請求してほしい」と言われたとき

相談者AはBに金を貸したが、Bは行方不明で金を返してくれないとのこと。Bの親Cが裕福な生活をしているので、親からお金を返してもらいたいと相談がありました。

△ 通常の対応例	○ 工夫例
弁：債務者は息子であって、親には法的に返還義務がないので、親には法的に請求できません。 A：それでは泣き寝入りってことですか？ 弁：それは、Bに金を貸したあなたの問題ですよね。Bに対し、裁判して判	弁：そうですね。親がお金を持っているのであれば、親からでも返してもらいたいですよね。＊1 　ただ、法律的には親と子は別人格なので、親には借金を返す義務がないんです。話し合って、協力してもらえる可能性がないわけではありま

20　相手方が文書はないと主張する状況では、発令のハードルは高い印象があります。文書提出命令が発令されると独立の不服申立ての対象となり、また発令に続く提出拒絶の際に問題となる真実擬制の範囲について難しい解釈問題が生じることも遠因かと思われます。

決を取ってBが戻ってくるのを待つこともできるのですから、泣き寝入りなどではないですよ。

せんが、あくまで、相談でありお願いベースになります。*2

A：先生、親に連絡する方向でいきたいです。

弁：ただ、あくまでお願いベースなので、Cさんが自発的に応じてくれない場合には、それで終わりになってしまいます。

A：それでもいいので先生にお願いします。

弁：そうですか。ただ、どうでしょうか。法的な義務はない場合に弁護士が出ていくとかえって態度を硬化させてしまうデメリットもあります。ですから、ご自身でCさんに連絡してみてはいかがでしょうか？*3

【通常の対応例】は法的に正しい回答内容ですが、相談者の気持ちを受け止めていません。

【工夫例】では、＊1気持ちを「受け止め」たうえで、＊2なるべく穏やかに、親には請求できない旨の説明をしています。説明に対しAさんは、（請求がダメなら）弁護士に親に対する交渉を受任してほしいと要望しています。お願いの話しかできないことや費用倒れになる等の説明をしたうえで、それでも受任を求められるときにどうするかは、各人各様の考えがあると思いますが、基本的には＊3のように依頼者にとってのデメリットを考慮して受任しない方向でしょう。

その上で、相談者に何か持ち帰っていただくために、例えば親にお願いする方法として、丁重な手紙を書くこと、訪問の場合でも不在だったら手紙を用意しておいてポストに投函する方法があること、それらの手紙の内容だけでなく文面のイメージを示すなど、何か具体的なアドバイスができるとよいでしょう。法的問題を含むケースで当事者が手紙を書くと、ネットから持ってきた法的用語混じりの激烈な文面になることが多く（方法として内容証明郵便にしてしまうことを含

め）、手紙自体が新たな紛争を引き起こしやすいものです。弁護士が穏当な方法・
文面イメージを示すことには社会的意義があると考えます（「クロスレファレンス
民事実務講義」§2-2も参照）。

例　4-1-5　▶「結果は何でもいいからお願いします」と言われたとき

　相談者Ａは200万円を支払ってインプラント手術を受けた結果、患部が思わし
くなくインプラント設置を断念。その後もしびれなど不調が続き弁護士事務所に
相談のため来所しています。

　検査結果やセカンドオピニオンからは医療上の過失は認められそうにありませ
ん。200万円の一部返金でも求めたいところ、手術着手後は返金しないとの約定
書にＡのサインがあり、第一のハードルとして同約定書の内容が消費者契約法
により無効と認められる必要があります。

△ 通常の対応例	○ 工夫例
Ａ：手術をしてからとにかくしびれが 　　ひどくってまともな生活が送れな 　　いんですよ。何とか医師に責任追及 　　していただきたいのですが。	
弁：それは辛いことですね。ただ、いた 　　だいた資料からは、医師の賠償責任 　　を法的に追及することは難しいと 　　思われます。	（同左）
Ａ：そもそもあの医者は、私の説明を聞 　　くときも目を合わさないし……。 　　（医師への不満が続く）	
弁：損害賠償請求は難しそうですが、 　　200万円の一部返金は求める余地が 　　ありそうです。返金しないとの同意 　　書のサインはＡさんのものですか。	弁：Ａさんとしては、やはり第一に医師 　　の責任を追及したいのでしょうか。
Ａ：はい。当時はこんなことになると 　　思っていませんでしたから。	Ａ：そうです。私と同じような思いをす 　　る人を出したくありません。
	弁：そうなんですね。そのようなお気持 　　ちになられることはもっともだと思

弁：そうすると、一切返金しないという合意が無効だという必要がありますが、正直、事情や金額を踏まえるとハードルが高いですね（法的問題について説明）。

A：とにかくあの医者は許せないので、結果はどうなってもいいので訴えてください。私と同じような思いをする人を出したくないのです。*2'

弁：費用倒れになる可能性もありますが、それでもやりたいのでしょうか。

A：もちろんです。

弁：では、通常の委任契約書に加えてリスクがあることを説明した書面にサインをいただきますので、訴訟提起するところまでやりましょうか。*1

・・・・・・・・・・・・・

（交渉は決裂し、訴訟でも敗訴）

弁：残念な結果でした。最初にお伝えしたとおり、裁判でも難しい展開でした。

A：そもそも手術で私の具合が悪くなったのに、なぜ代金の返金を求めただけなのですか。他にやりようがあったのではありませんか？

弁：それは最初にご説明したとおりで……。

います。*2

それで、方法なんですが、払った200万円の一部の返金を求めることについては、可能性はゼロではなさそうです。ただし、それができるためのハードルは高く（法的問題について説明）、たとえできても少額なので、Aさんにとって費用倒れになると思います。*2

A：とにかくあの医者は許せないので、結果はどうなってもよいので訴えてください。私と同じような思いをする人を出したくないのです。*2'

弁：お気持ちはよく分かりました。Aさんはとても正義感の強い方なんですね。*3

ただ、今ご説明したように、できる可能性があるのは、損害賠償請求ではなく一部返金です。Aさんが損害賠償請求でなければ意味がないということなら、申し訳ありませんが、私でなく他の弁護士の意見も聞いてみてくださいませんか。*4

A：弁護士さんを頼んで訴訟できたらいいです。結果はどうなってもいいので訴えてください。

弁：先ほども説明しましたが、訴えたら必ず一部返金が可能というわけではないし、費用倒れのおそれも十分あります。相手から納得できない主

張が出されて嫌な思いをすること
もあるかもしれません。それでもや
るのだというお気持ちでしょうか。*5

　相談者が「結果がどうなってもよいので訴えたい」と言うときは、義憤などの思いから、費用倒れになったとしても社会的に意味のある行為として責任追及を行いたいというケースもあります。しかし、金銭的な獲得や悔しい思いを晴らしたいという思いのほうが勝っているかもしれず、義憤がメインであってもその思いが変わらずに続くかは分かりません。

　そして、このような状況では、結果的に弁護士が依頼を受けたという事実そのものが、大きな期待、あるいは当然勝つという確信を生むことが多いと感じます。依頼した弁護士が作成した書面を見ると、いかにも自分の主張に理があるように思え、反対に相手の書面を見ても屁理屈をこねていると感じがちで、期待が確信に変わり、その後に判決や和解における決着レベルを知らされて大いに失望し、それがトラブルにつながるおそれもあります。

　一方で、一概に法的な支援の途を閉ざす対応は弁護士全体に対する信頼の点で問題があります。結局、相談者は、十分な説明を受け納得のうえでなお弁護士に依頼したいか、弁護士の側はこの人のために引き受けようと思うか、この兼ね合いにおいて決まるものと思います。

　受任に至るプロセスとして、【通常の対応例】＊1までの対応では不十分でしょう（リスク説明書面があればよいというものではない）。【工夫例】＊2で気持ちは「受け止め」、しかし、方法としては一部返金の限度であることから入っています。相談者の＊2'「結果はどうなってもよいので」という言葉に対し、まず＊3で気持ちは「受け止め」て、＊4の段階で否定的な見解を明確に述べています。

> ＊＊＊＊＊　実務で使えるこのフレーズ
>
> ＊4「他の弁護士の意見も聞いてみてくださいませんか」

　いきなり「他の弁護士のところへ行ってください」と言うことを避けて、損害賠償請求は引き受けられないとの内容を逸脱しない範囲で、別の弁護士の選択肢

を柔らかく示しています。

　次に＊5でそもそもの決意を問うていますが、それでもという場合に受任のプロセスを進める例を示します。

○ 工夫例　つづき

A：もちろんです。

弁：では、今確認させていただいたことを十分ご理解いただいたうえで、それを契約書に明記して進めるということなら可能です。医療ミスに係る損害賠償請求は対象外、治療費の返金請求は難しい案件であり費用倒れになる可能性があるけれどもそれらの状況を踏まえてやるのだ、というようなことを特記事項に記載することになります。

　　これからすぐに説明書面付きの委任契約書及び報酬見積書にしてみますから、今日のところはその案を持ち帰りいただき、よく考えていただいたうえで、ご連絡くださいますか。＊6

　＊6のリスク説明書・見積書を作成し、そしてここが重要なポイントですが、その場で受任しないで、いったん書面を「持ち帰って」いただいて、相談者からの連絡があった場合に現実に受任することにします。面談の際にはぜひとも委任したいと言っていても、持ち帰ってもらうと、結局受任に至らないことも珍しくはないのです。落ち着いて考えたり、第三者の意見を聞いたりして、落ち着くべきところに収斂するのでしょう（いったん持ち帰ってもらう→〔例2-12〕61頁）。

　また、このようなケースで受任に至る場合には、委任契約書に受任事務と受任「対象外」の事務を明記することも必要なことが多いでしょう。

例　4-1-6　依頼者が一々指示してくるとき

　依頼者Aは、準備書面の案を送ると、事細かに加筆したり"てにをは"を直したり、また、「相手方が出してからその後にしてください」などと提出の時期も一々指示します。甲野弁護士は、少しうんざりして苦情の一つも言いたくなっています。

△ 通常の対応例	○ 工夫例
弁：Aさん、訴訟になったら弁護士に任せていただかないと、あまり本質的でないところで一々指示されたら、私だって、ちょっと志気に影響しますよ。	弁：Aさん、毎回細かな点まで気付いたことを教えていただきありがとうございます。直すべきところは直します。*1 ただ、訴訟の専門的な観点からの表現や提出時期など技術的なことについては、プロである私の臨機応変の判断にお任せいただけたらありがたいです。*2

　このような依頼者は、弁護士を信用していないのではなく、自分の作業が役立つと信じて事細かにチェックして指示をする、善意の人が多いと思われます。しかし、本質的とはいえない部分で、ときには専門家から見るとピントのずれた指示を頻繁にされると困ることもあります。

　ただ、弁護士はプロフェッショナルなのですから、【通常の対応例】のようにストレートに感情を表現することは謙抑的でありつつ、今の依頼者の行動の変化を促す工夫をしたいものです。

　【工夫例】では、まず、*1 依頼者の努力を肯定して「感謝」の形で「受け止め」た上で（→〔スキル1-4〕(ⅴ)156頁）、次に専門的・技術的な事項については専門家のやり方に従ってほしい旨をやんわりと伝えています。ここで*2「臨機応変」というようなプラスイメージのある言葉を使うことにより依頼者が受容しやすくなります。

> :::::::: 実務で使えるこのフレーズ
>
> ＊2 「臨機応変」

　このようなことを繰り返しつつ手続が進んでいくことになるでしょうが、もし、受任事務のやり方について、どうしても意見が一致しない場合には「事件処理方針についての意見の不一致」を理由に、協議のうえで辞任せざるを得ないこともあるでしょう（辞任の仕方→〔例5-3-1〕140頁）。

例 4-1-7 ▶ 依頼者が裁判所に対し、怒り、不安に思っているとき

（依頼者Aの主観としては重要な）証人Bについての証人申請を裁判所が認めなかったことにAは怒り、また不安に思っています。

△ 通常の対応例	○ 工夫例
A：裁判所はどうしてBを証人と認めないのですか。Bに証言してもらえればすぐ分かることなのに。相手方の味方をしているとしか思えない。 弁：Aさんの思い通りにならなくてすみません。ただ、裁判所は、Bさんの証言があったとしてもそれによって立証できる○○の事実は、訴訟の主題からすると重要性に乏しいとして、必要性がないと判断しているのです。相手方の味方をしているわけではありませんし、訴訟の結果に大きな影響を与えるものではありません。ご理解ください。 A：……はい。	（同左） 弁：たしかに、私も残念です。私もかねがね、裁判所にはきちんと主張してきたのですが、今回は、訴訟指揮として認めてもらえませんでした。*1 A：……そうですか。Bが証人として認められないと不利にはならないですかね。*1' 弁：いえ、Bさんの陳述書は書証として証拠になりますから、証拠という点で大きな問題はないです。*2 A：裁判所が相手方に肩入れしてるってことはないですか。 弁：裁判所は、相手方の申請したCの採用も却下しています。担当裁判官はちょっと能率よく審理を進めようとする傾向がありますが、公平に反するような指揮はしていないと言えるでしょう。*3

　裁判所の訴訟指揮も様々ですから、Aと一緒に怒るべきケースもあるでしょうが、本例では、依頼者の怒りに合理的な根拠はなく、依頼者の「怒り」や「不安」を鎮めるため、その原因となっている認識が「変わる」ためにはどのように

説明すべきかが問題となるケースとします。

【通常の対応例】では、弁護士が依頼者を説得しようとしている状況で、そこでは、弁護士があたかも裁判所側に立って依頼者を向いて説明しています。いわば依頼者／弁護士・裁判所という構図になっており、これでは依頼者は孤立感を深めそうです。そこで、依頼者・弁護士／裁判所という構図になるような話し方が必要になります。

【工夫例】＊1では、裁判所に対して、弁護士が依頼者側の立場で活動してきたことを表現しています。まずは依頼者を説得しようとはしていません。

Q 実務で使えるこの着眼

依頼者を説得しない

そこで、少し安心されたのか、＊1'依頼者から会話のきっかけが出されたので、それに対し弁護士から説明をしています。この順序が重要でしょう。説明の仕方としては、依頼者の怒り・不安の原因となる認識について、＊2証拠を提出するから問題はないこと、＊3裁判所の公平性に問題はないと見られることについて、具体的要素を挙げて（＊2の陳述書、＊3の相手方証人Cの却下）、認識のリフレーミング（「変わる」→〔スキル2-6〕(ii) 174頁）を目指しています。

例 4-1-8 「私と相手とどっちが悪いんですか」と言われたとき

遺産分割事案で、依頼者Aは亡父親の葬儀の際の相手方Y（兄）の言動に対し怒り、対抗するかのように一切の協力を拒んでいます。Yに弁護士が付き、弁護士間で協議した結果、当面の相続財産管理を効率的に行うため、一定の協力をした方が双方の利益になるとの認識を共有し、甲野弁護士はAにその旨を説明しました。

△ 通常の対応例	○ 工夫例
A：甲野さんは一定の協力をした方が双方の利益になると言われますが、利害の問題じゃありません。向	

こうがあんな仕打ちをするんだから、理不尽と言われようが一切ハンコを押しません。私と相手とどっちが悪いんですか。

弁：いえ、あなたが悪いと言ってるんじゃないですよ。*1

Ａ：向こうの方が悪いんだから、協力できないことは当然です。

弁：いい悪いとは関係ないんですけど。ただ、感情にとらわれて、わざわざ損することもないんじゃないかなと思っただけです。私はＡさんに損をしてほしくないだけです。

（同左）

弁：ああ、そうですね。利害を抜きにして、協力はしたくないというお気持ちなんですね。*2

Ａ：向こうの方が悪いんだから、協力できないことは当然です。

弁：協力したくないことは分かりました。今の時点では、財産管理の点は無理に考えなくてもいいと思います。*3
　　それより、これから相続紛争全体についてどういう方法で取り組んでいくか、その選択肢について改めて整理してみましょう。*4

　本例では、弁護士から「一定の協力をした方が双方の利益になる」と申し向けたことにＡが感情的な反応を示したことで困った状況になったことが出発点です。【通常の対応例】は、依頼者が陥っている「どっちが悪いか」という二者択一的心理に対する応対として、今一つと感じます。*1は、良い悪いという「評価」について（Ａが悪くないという内容ではあっても）関与する発言をしていますが、人の評価にコミットすることは原則避ける方がよく、そのため【工夫例】*2では、Ａの発言内容（協力しない→どちらが悪いのか）のうち、直前の「どちらが悪いのか」という問いに直接答えないで、一つ遡って「協力しない」という発言内容を「伝え返し」することによって無害な範囲で共感を示しています。話題に乗らない方がよいときはその言葉を避けるのがよいでしょう。

Q　実務で使えるこの着眼

*2 「遡って」伝え返す

　また、【通常の対応例】では、「悪い」という言葉が会話の往復ごとに含まれ（4回）、雰囲気も悪くしているように感じます。「私はＡさんに損をしてほしくないだけです」という発語は「納得」してもらおうとする際のスキルとして有用ですが（→〔スキル2-2〕163頁）、この状況では、いったん主題を離れた方が建設的のようです。

🔍　**実務で使えるこの着眼**

　＊3　今は無理に考えなくてもいい

　【工夫例】では、＊3「今は無理に考えなくてもいい」と依頼者がこだわりを持ったイッシューを「先送り」して、＊4二者択一思考から、「これから」の視点へと「変わる」ことを図っています（変わる→〔スキル2-6〕173頁）。その選択肢の中に相手方に協力してもらって当面の管理行為を行うことも浮上するかもしれません。

2　既に関係性ができている場合

例　4-2-1　依頼者が真実の一部を隠そうとするとき

　依頼者Ａの事情聴取で、甲野弁護士は、重要な場面でＡの語る内容中に矛盾があり、全てを語ろうとしていないことに気付いています。

△ 通常の対応例	○ 工夫例
弁：○○の点、Ａさんのおっしゃるとおりですと、△△と矛盾しますけど、どうなんでしょうか。 Ａ：……○○の点は〜〜だったんです。	（同左）
弁：そうなんですか。一応分かりましたが、なお△△との矛盾を十分に説明されていないようです。Ａさん、弁護士に全てありのままに話していただけないと、裁判で有利な方向に	弁：そうなんですね。＊2 　最初のお話のまま書面にして出すことにならなくてよかったです。ありがとうございます。＊3 　ところでＡさん、事実を一番知って

行けませんよ。*1	らっしゃるのはAさんです。ですから、私がAさんと情報をきちんと共有できた場合に初めてしっかりと力を発揮できると思うんです。*4 これからもう少し、△△との関係を含めて事実関係を整理していきましょう。*5

　甲野弁護士は真実を訊き出そうとして○○と△△との矛盾点を指摘して問いましたが、Aからは部分的にしか答えてくれなかった場面です。しかし、【通常の対応例】*1の言い方ではストレートに過ぎて、「言いたくない」Aの気持ちへの配慮が足りないように感じられます。まず依頼者が話してくれたことを積極的に「受け止め」たいところです。受け止め方にも下記のような工夫がありえます。

△ 通常の対応例	○ 工夫例
そうなんですか。	*2　そうなんですね。

　細かい言葉尻の差ですが、【工夫例】*2そうなんです「ね」の方が、疑いのニュアンスを含む可能性のある「か」よりもよいです。一般的に行っている「伝え返し」（→〔スキル1-4〕(i) 152頁）の一環ですが、例えば「仕事を立ち上げて10年になるんですか」と言うよりも「仕事を立ち上げて10年になるんですね」と言う方がよいでしょう。

　【工夫例】*3は、依頼者の回答にお礼を述べて「受け止め」ています。真実を隠してましたね、という意味を含んではいますが、依頼者が、「今ここ」では、部分的でも当初の話を修正したことをポジティブに捉えて「受容」、さらに「感謝」しています（→〔スキル1-4〕(ⅴ) 156頁）。「コップの半分の水」の話と似て言動の意味を「リフレーミング」しているといえるでしょう。

　事実を把握すべき重要な場面ですから、【工夫例】*4で、改めて事実を全て話してくれないと事案対応がうまくいかないことの注意喚起をしています。その言い方として【通常の対応例】*1は内容的に圧迫的で、形式的にも「〜ない

と、うまくいかない」という「否定＋否定」の形で、依頼者に否定的感情を生じ
させかねません。一方＊4では、内容的に弁護士が「私は知らない」という前提
を示し、そして「できたら、できる」という「肯定＋肯定」の形式で述べていま
す（意味は同じですが形式の与えるニュアンスの問題です）。

　＊5では、「視点」を「これから」に移しています（→〔スキル2-6〕173頁）。た
とえ依頼者が真実を話してくれていない場合でも、その「過去」の言動を責めず
（→〔スキル2-3〕（ⅲ）165頁）、「今ここで」の言動を積極的に「受け止め」、「こ
れから」の共同作業へと視点を向けようとしたケースです。

例　4-2-2　依頼者が有利な調停案に納得してくれないとき

　調停において、相手方Yから、客観的に見ると妥当で有利な賠償額の提案が
あったにもかかわらず、依頼者Aは不服です。Aはよく「お金の問題ではない
んです」と言っています。

　A：どうしてもその金額には納得できません。これだけ大変な思いをして
たったこれだけですか？

△ 通常の対応例	○ 工夫例
弁：お気持ちは分かりますが、法的にはこれは妥当な金額でこれ以上はあまり望めないと思いますよ。＊1 　　これまで何回も説明したとおり、判例上もそうなので、この辺りで調停を決着した方がAさんにとって有利かと思いますが。	弁：そうですね、この額では不十分だと感じてらっしゃるのですね。＊2 A：そうなんです。 弁：これまで、Aさんの大変さを間近で感じてきましたから、Aさんがそう思われるのは無理もないと思います。＊2 A：（うなずく） 弁：Aさんは、最初から「お金の問題ではない」とおっしゃってましたね。 A：そうです。 弁：お話ししたとおり法的な判断として、今回の調停案は客観的にはAさんに有利な数字だということは、頭

では理解はできますよね。＊３

A：はい。頭ではね。

弁：Aさんの中では、お金の数字は、Aさんの大変な思いに比べて意味がないと感じてらっしゃるのでしょうか。＊４

A：そうそう。

弁：そうなんですね。ところで、相手のYにとってはお金はあまり意味ないと思いますか。＊５

A：……Yはお金にこだわる人ですからお金はとっても意味があるでしょう。

弁：なるほど。Yにとっては、お金の、数字で譲歩することは、大変なことだってことはないでしょうか。＊６

【通常の対応例】はごく普通の対応だと思いますが、やはりAの感情の受け止めが不十分と感じます。「お気持ちは分かりますが〜」は常套句ですが、受け止め方として有効でない場合があります。

使用を避けたいフレーズ

＊１△「お気持ちは分かります『が』〜」

「分かります。しかし〜」と受け止められるとき、「しかし」「が」つまり自分の気持ちが承認されていないことに重点が生じがちです。ここは、「聞く」モードが必要で（→〔スキル1-5〕（ⅱ）157頁）、否定しないで感情を受け止めたことを伝え返したうえで、変わることを助ける（→〔スキル2-6〕173頁）工夫をしたいところです。

本例のAはかねてから「お金の問題ではない」と言っていたことから、【工夫例】は、依頼者から見た調停案の意味＝相手の譲歩は小さく自分の労苦は大きい＝の「変化」（リフレーミング→〔スキル2-6〕）（ⅱ）174頁を試みたものです。

＊２は、依頼者の感情を「受け止め」ると同時に「言語化」して確認していま

す。そのうえで、＊３依頼者と一致するであろう部分＝頭では分かっている客観的事実＝を確認しています。

そうして、納得されていない部分＝主観的事実・感情＝の意味と、調停案の意味の変化「リフレーミング」を目指しています。そのきっかけをつかむための問いが＊４です。依頼者にとって小さな譲歩は相手にとって大きな譲歩である（かもしれない）ことを依頼者が認識できれば、＊５・＊６の発問を通じて調停案の意味のリフレーミングが可能となり、Ａが「相手も譲歩している」と受け止めることができるかもしれません。

なお、＊５で「Ｙにとっては」と言うところを「Ｙにとっても」と言うとＹと同視されていると余計な反発を覚えるかもしれませんので、「も」を避けるのがよいでしょう。もちろん、このようなリフレーミングを子ども騙しのようなものと受け取る人もいるでしょうからケースバイケースですが、もし工夫がうまくいかなければ元に戻るだけの話です。

この例が適当かは別として「リフレーミング」は、「和解の技法」の基本的なスキルといえるでしょう。調停者（裁判官、調停委員、仲裁人等）が和解・調停において色々な形で試みていることは経験されていると思います。私たちも工夫して、説得ではなく納得に至ることを目指したいものです。

例 4-2-3 依頼者が「私はどうせダメなんです」と悲観するとき

離婚調停事案で、依頼者Ａは、夫Ｙからモラハラに当たりうる言動を受けてきたことから、何かを主張するとＹを怒らせたり、Ｙに潰されてしまうと思い、重要な事実関係を主張することを躊躇しています。

弁：Ａさん、そうは言ってもあなたが離婚を求める以上、当方が離婚事由を主張立証しなければならないので、○○の事実は主張するしかないと思いますよ。

△ 通常の対応例	○ 工夫例
Ａ：それは理解してるんですが、何度も申し上げてるように、一緒にいたときの経験から、何を言っても絶対にそれを上回る攻撃を受けて潰されると感じるんです。	（同左）

弁：Aさん、気持ちをしっかり持ってくださいよ。私がついてますから。*1

A：ありがとうございます……それは分かってるんですが、どうしても踏み切れないんです。

弁：Aさん、Yと知り合ってから今まで、100％一切の例外なく、Yの言うことに従ってきたのでしょうか。あなたの思いを通した例外はありませんか。*2

A：例外ですか……ほとんどないですが……。

弁：「ほとんどない」ということは「少しはある」はずで、その例外が、何かはあったんじゃないでしょうか。*3

A：例外……そういえば、子どもの食べる物についてはYの好みは却下してましたね。

弁：ほお、Yはどんな好みがあるんですか。

A：それが変わってるんですよ……。それを子どもにまで押しつけようとしたから、私は絶対ダメだって言って。

弁：Aさん、やるじゃないですか。

【通常の対応例】＊1のように言って「力付け」ようとすることも多いかと思います。それでも依頼者は、相手との関係性からどうしても主張できないというときは、依頼者の中での認識の変化がないと難しいかもしれません。【工夫例】＊2では、「絶対」と言っていることに対する「例外探し」の問いをしています（→〔スキル2-6〕（ⅲ）174頁）。依頼者が過去に経験した「例外」を探し出すことができたら、「これから」の行動に「広げ」ていくことが可能となるかもしれません。なお、＊3は「スケールクエスチョン」（→〔スキル2-6〕（ⅲ）175頁）の一種で、ここでは例外探しに役立っています。

その後、Aが子どものことなら頑張れることを思い出し、その例外を今の離婚調停に「広げて」いくこと、時間をかけて自信を持てる領域を広げていくこと

を、簡単ではありませんが目指すことになります（もちろん本例の記載のほかDV
被害者サポートの観点が必要ではあります）。

例 4-2-4 ▶ 依頼者が違法行為をすると主張するとき

　甲野弁護士はＡから離婚交渉を受任しましたが（受任時点では妻Ｙと３歳の子Ｂ
と同居状態）、受任後Ｙは突然Ｂを連れて別居しました。弁護士間で交渉中のあ
る日、唐突にＡが興奮状態で甲野弁護士に電話をしてきましたが、甲野弁護士
は状況を分かっていません。

△ 通常の対応例	○ 工夫例
Ａ：先生、自分の子どもをなんとか取り返さなきゃいけないんです。 　　通っている幼稚園の場所は分かっています。今から車で連れに行きますから。いいですよね！	（同左）
弁：いきなりどうしたんですか。落ち着いてください。それをしてしまうと未成年者略取という犯罪に問われてしまいますよ。	弁：急にどうされたのですか。まずは事情を教えてくださいますか。＊１
Ａ：私は父親なんです。犯罪になんかなるはずがない。犯罪になるんだったらＹの方が先に犯罪でしょ。	Ａ：昨日夜、Ｙからの電話口に子どもが出た時に「お父さんに会いたい」って泣きながら言ってたんですよ。
弁：Ａさん落ち着いて聞いてください。とにかく今の時点では連れ去りは絶対にダメですよ。	弁：え、それは心配ですね！＊２
Ａ：……。 （コミュニケーションがうまくいかない）	Ａ：これは父親として、助けに行かなければいけませんよね！
	弁：……そうですね。今はＢちゃんのことが一番大切ですよね。ただ、いきなり幼稚園に連れ戻しに行ったら、Ｂちゃんもびっくりするんじゃないでしょうか。＊３

　本例は、別居後も断続的にＹがＡに電話を掛けてきて、３歳の子に携帯端末を
渡して後ろから「『○○が欲しい』って言って！」などと、子どもに要望を言わ

せることが多かったケースが下敷きです。子BがYの要望を伝えることを嫌がったところYがこれに腹を立てたので、携帯を持ったBがAに「お父さんに会いたい」と言ったというものです。もちろんディテールはプライバシーの観点から再構成したシナリオですが、子どもを通じて敵対配偶者に要望を伝達することによりトラブルが生じる事例はかなり多いように感じます。

【通常の対応例】では、「やっていいですよね」と問われたことに対し、慌てて止めるために犯罪になると言ったことから（内容は間違いではないながら）、依頼者とのコミュニケーションが難しくなっています。

【工夫例】では、依頼者のやろうとしていることはまずいと思いながらも、まず聞こうとしています（聞くモード→〔スキル1-5〕（ⅱ）157頁）。＊1は、問われたことにすぐ答えないで、逆に質問しています。＊2でもとにかくも受け止めて、弁護士自身も少し冷静になり、＊3質問の形で客観的事実を想起するように促し、次のように展開しています。

○ 工夫例　つづき

A：父親なんだから大丈夫に決まっているじゃないですか。

弁：仮にですよ、お子さんに来てもらうとして、日中どうされますか。お仕事がありますよね。＊4

A：仕事を辞めて子どもの面倒をみます！

弁：仕事を辞めたらBちゃんを養う生活費はどうされるんですか。＊5

A：……。分かっています。めちゃくちゃ言っていることは。でも今は心配なんです。Bが今どんな状況なのか分からないので、不安で不安で……。＊5'

弁：突然のお子さんからのSOSですから本当に心配ですよね。相手方（代理人）にすぐに抗議し、状況確認してご報告しますから、今すぐ幼稚園に行くということは控えていただけますか。＊6

A：……分かりました。

＊3から＊4、＊5まで重ねて子どものBを軸とした質問をしています。そして、依頼者が少し冷静になった＊5'まで来たところを見計らって、＊6弁護士から提案をしています。【工夫例】を通じ、また＊6の中でもまず主観的事実・感情（Bが心配だ）を受け止めた後に提案するという手順を踏んでいます。弁護

士の意見をなるべく後にするため「問い」を重ねることもスキルの一つでしょう（問う→〔スキル2-3〕（ⅰ）164頁）。

例　4-2-5　依頼者が嫌がらせ目的の要求をするとき

　甲野弁護士は、依頼者Aと子どもを残して家出したY相手の離婚事件を受任し交渉により離婚は成立しました。Yは浮気相手と再婚し、再就職して高収入を得ているのに、想定外に高額になった子の学費分の増額を拒否して最低限の養育費を支払うだけで面会交流も求めていません。

　今回Aから養育費増額請求交渉の受任をしたところ、Aは、相手方への受任通知や連絡文書について、子どもの写真を同封してYの職場へ送付することを求め（Yの自宅は判明している）、甲野弁護士としてはAの真意がYへの嫌がらせにあると感じています。

△ 通常の対応例	○ 工夫例
弁：お子さんの写真を同封する理由はなんでしょうか？*1	弁：Aさん、私の勘違いであれば恐縮ですが、Yを懲らしめたい、というお考えなのでしょうか？*4
A：Yは父親ですから、子どもの成長を確認する義務があるでしょう。	A：……。
弁：そこはご家庭によって色々な考え方があるところでしょうが、少なくとも法律的にそういう義務があるとは考えられていませんね。ここは、今回の養育費増額交渉にとって得になるか損になるかで考えてみてはどうでしょうか。*2	弁：そうでしたら自然なことですよ。父親としてどうかと思う態度ですよね。*5
	A：甲野さんもそう思いますか。
	弁：そりゃそうですよ。
A：子どもの成長ぶりを見たら、養育費をもっと払ってやろうと思うでしょう。父親なら。だったら私にとっては得になると思いますよ。	A：最低なYが呑気に暮らしていると思うと腹が立って……。今回、久々にあいつに連絡するタイミングが来たので、少しでも嫌な思いをさせてやりたいんです。
弁：Yさんが気を悪くしてヘソを曲げる可能性もありませんか？	弁：そうでしょうね。でもねAさん、ご希望のとおりにしてしまうと、場合によっては、その最低なYに、Aさんを攻撃する材料を与えることになり

Ａ：父親なのだから、子どもの写真を見せられて気を悪くすることはないでしょう。

弁：ではＹさんの職場に手紙を出そうというのはどうしてですか？*3

Ａ：職場にまで手紙が来たら、これは困ったということで、Ｙも真剣に増額に取り組むはずです。

弁：（Ａの希望を断る理由を考える）でもね、Ａさん、……。

かねないと思うのですよ。

Ａ：どういうことですか？

弁：例えば、自宅が分かっているのに、いきなり職場に弁護士からの手紙を送りつけた場合は、プライバシー侵害だといって反撃されるおそれがあります。

Ａ：子どもの写真は構わないでしょう？

弁：そうですね。でも、再婚していることもあるので、嫌がらせ目的で送りつけてきたのではないかと主張されるとちょっと困りますね。写真を同封するだけの積極的な理由を見つけられるか一緒に考えましょうか。*6

Ａ：分かりました。○○という理由はどうでしょうか……。

　依頼者が弁護士に求める行為（法律事務）が、委任事項に含まれる可能性はあるものの、実際は相手方に対する嫌がらせ目的であることが分かる場合どうすればよいでしょうか（目的において不当な事件として弁護士職務基本規程31条の問題があります）。

　【通常の対応例】＊１、＊３では、なぜそれをやるのかその理由を質問した結果、依頼者は、「やる意味・理由」を頭で考えて（おそらくは本音でなくタテマエの理由を）回答しています。本件で依頼者が求めている方法は、弁護士としてやることに意味が見出せない事務・やるべきではない事務であり、断る方向で相談を進めたいところですから、依頼者が考えた「やる意味」についての議論は、どうしても対立的なやりとりになってしまいます。ただ、＊２の「損得を考えましょう」と勧めることは望ましいことであり、＊１、＊３も依頼者の真意が分からないような場合はオーソドックスな対応といえましょう。

　【工夫例】＊４の切り出しは「本人が言いにくいこと」にズバッと切り込んでいるもので、（依頼者との関係性にもよりますが）確信がある場合はこのほうが話

が早いかもしれません。依頼者としても、本音（嫌がらせをしたい）を明かして正面から弁護士に頼むことが憚られるからこそ（その自覚がある）、色々と考えて、微妙な要望を出していたものと思います。そこで、＊4で先手を取って言語化した上で、＊5その考え・動機は自然なことですよと「受け止め」、その上で、＊6本当にそれが方法として適当か一緒に考えましょうというアプローチを採っています（善し悪しでなく損得→〔スキル2-2〕163頁）。【通常の対応例】＊2でも損得の功利判断の土俵で考えましょうと勧めている点は良いのですが、前提としての受け止めがなく、本音も出ていない状態では「損得」自体が議論の対象となり、「一緒に考えましょう」という土俵が形成されていない面があります。

　依頼された事務について、やらない方向に誘導することは同じですが、【通常の対応例】では、依頼者の考えを弁護士が制限する対立的議論の方向性になるのに対し、【工夫例】では、依頼者の考えを何とか実現してあげたいと寄り添ったものの、検討の結果やめておきましょう（少なくともいきなりは）、という方向性にいきやすいところに違いがあります。

例　4-2-6　依頼者がどうしても不安になってしまうとき

　依頼者Aは、甲野弁護士に訴訟遂行を委任したものの、心配性なのか、打ち合わせも十分しているのに、訴訟の見込みについて何度も電話してきます。

△ 通常の対応例	○ 工夫例
A：先生、訴訟が始まって3か月経ってますが、はかばかしく進んでいるといえるのでしょうか。	（同左）
弁：はい。この間打ち合わせしたばっかりですよね。今は双方が主張を提出する段階なので、これが普通の展開ですよ。	弁：これまでの経緯があったので、色々ご不安になることもありますよね。手続は順調に進んでますよ。＊2
A：相手から、これからも色々言ってくると不利になってしまうってことはないんでしょうか。	A：そうですか。相手から、これからも色々言ってくると不利になってしまうってことはないんでしょうか。
弁：それは、そういうことはあるかもし	弁：今まで問題なく進行しています。＊3これから先のことについては、相手

れませんが、こちらも主張しますから、心配しないで、待っていてください。今までは問題なく進んでいます。

A：……はい、どうしても心配になるので。

弁：ご心配になるのは分かりますけど、私にお任せいただいてるんですから、ご心配にならないようにお願いします。*1

A：はい……。

から主張が出てきたつど一緒に検討していきましょう。

A：そうですか。どうしても心配になるので。

弁：Aさんが心配することにより事態が良い方向に変わるのなら、もっと心配していただきたいですけど、そんな超能力はお持ちではないでしょう。客観的事実は変わりませんよね。事実をどう活かしていくかはプロの私と一緒に検討していきましょう。*4

【通常の対応例】の発言は、内容は正しいながら今一つ依頼者の「不安」な状態を変える契機がなく、*1では突き放して一方的に説得している感じがあります（説得→〔スキル2-2〕163頁）。

【工夫例】では、*2「受け止め」たうえで、*2「手続は順調」、*3「今まで問題なく」という、ポジティブな言葉を使っています。ここで細かい言葉の違いですが、心配性の人は、「今までは問題なし」を「しかし、これからは違うのだ」と理解するおそれがあります。強調・主題を提示する助詞「は」が生むニュアンスです。以下のように対比してみましょう。

△ 通常の対応例	○ 工夫例
今までは問題なく進んでいます。	*3　今まで問題なく進んでいます。

弁護士の側も、将来のことについては責任を持ったことは言えないので、「保険」の発想で「今までは」「今のところ」と言いがちでしょうが、「正確さに逃げている」ともいえます。もちろん「将来」の予測を確定的に述べることには問題がありますが、過去及び現在のことについて（「今まで」）、過度な期待を抱かせない範囲でポジティブな言葉を使うことにより、多少なりとも不安を軽減することができるでしょう。

　そして、将来のことについては、＊4心配すること（不安を持つこと）が非生産的であることを伝えることにより、依頼者の認識＝これから相手が何をやってくるかを心配しなければならない＝を変えようと工夫しています（リフレーミング→〔スキル2-6〕（ⅱ）174頁）。

🔖　実務で使えるこのフレーズ

＊4　「もっと心配していただきたいですけど、そんな超能力」

　「超能力」は逆説、「ユーモア」（→〔スキル2-4〕（ⅵ）168頁）を含んだ説得です。この＊4により依頼者が笑えるようなら、いい感じだと思います。「事件は裁判所に入院しているんだと思って、家にいるときは忘れておきましょう」などと、対象を「外部化」した「比喩」も考えられます（〔スキル2-4〕同上参照）。

　もちろん、未知のことについての不安が解消されてしまうわけではありませんから、結局は「事実」次第です。最終的には依頼者に事実を受け入れてもらわなければならないのですから、弁護士から＊4「事実は変わらない」という言明を繰り返し述べておくことが有益と思います。同時に、弁護士は（法律だけでなくむしろ）「事実」を取り扱うプロであることも示して安心してもらうとよいです。一緒に事実を探索し、弁護士は工夫して裁判所に効果的に提示していくことも繰り返し述べておきます。本例は、「客観的不確実性＜心理的不安感」というタイプの依頼者に有効なスキルでしょう。

例　4-2-7　「勝てますよね？」と言われたとき

　依頼者Aは一度説明されたことも後で不安になり、繰り返し弁護士に質問をします。今も、訴訟の途中での打ち合わせで「勝てますよね？」と確認を求めています。

△ 通常の対応例	○ 工夫例
A：今回、相手方から随分と分厚い準備書面が出てきましたが、きちっと反論するんですよね。 弁：もちろんですよ。相手の主張は繰り返しが多いんですよね。	（同左）

A：きちっと反論すれば勝てますよね？

弁：受任前にご説明したように、絶対勝てるという約束はできないんですが、見通しとして受任時と大きくは変わっていません。準備書面での主張は想定の範囲内で、あとは証人尋問できちんと立証できれば、その後和解ということになっても敗訴的な状況にはならないと思いますよ。

A：順調ということなんですか。

弁：大きな問題は生じていないと思います。

弁：Aさん、同じ内容を伝えるのに、10ページの書面と20ページの書面だったら、どちらが裁判官にきちんと読んでもらえると思いますか？*1

A：それは10ページでしょう。

弁：そうですよね。同じ事実を伝えるのに、一つの書面にまとまっているのと、何通もの書面に繰り返し出てくるのと、どちらが裁判官にきちんと読んでもらえると思いますか？*1

A：それは一つの書面にまとまってる方がいいですね。

　依頼者からの「勝てますか」「絶対勝てますよね」という問いは、答えにくい問いの代表的なもので、受任するかどうかの状況では→〔例2-3〕（47頁）で触れています（弁護士倫理上、結果を約束できないこと＝職務基本規程29条＝が前提になります）。

　本例では、受任した訴訟の手続中に依頼者が不安になって「勝てますよね？」と確認を求める質問をしています。【通常の対応例】は質問に対する応答として、説明自体は正確ですが、依頼者の質問の背後にある気持ち＝不安だ＝に応えていません。本例は受任後であり、依頼者に何か判断を求める場面でもないことから、【工夫例】は質問の表面的な意味＝勝てるか否か＝に正面から答えることを回避して、*1でAの質問の背後にある意味＝相手から分厚い準備書面が出て不安だ＝に問いをもって答えようとしています。いわば質問の意味を「リフレーミング」するわけです。ここでは分厚い準備書面よりも簡潔な書面の方が裁判では効果的であることの説明により、依頼者の不安の元である書面についての認識をリフレーミングすることを目しています。

　「勝てますよね？」の質問に答えないで、代わりに何を説明するかは事案により異なりますが、依頼者の不安の原因になる事象が分かっていないときは、「Aさん、今の時点で何か気になっていることがありますか」などと質問を返

すとよいでしょう。

🔍 実務で使えるこの着眼

*1　質問に答えないで問い返す

　ここでは質問にストレートに答えないで、逆に「問い返す」というスキルが活きている場面といえるでしょう（問う→〔スキル2-3〕(i) 164頁）。

例　4-2-8 ▶ 「借りてる方が強い」と怒る依頼者の考えを変えたいとき

　A社は取引先Y社に対する未回収の代金債権を持っていますが、Y社は「もう少し待ってくれ」などとのらりくらり。A社代表者Bは、自分ばかりが譲歩していると不満です（Y社にはめぼしい資産がないことまでは分かっているとします）。

△ 通常の対応例	○ 工夫例
B：Y社には泣きつかれて用立ててあげたのに、後になって手のひらを返したように、「今は払えない」「まもなく払います」「また事情が変わった」などと言い訳ばっかり。うちは債権者なのに、まるで借りている方が強いみたいに思えて怒りが湧いてきます。うちの方が被害者です。	（同左）
弁：そうですねえ。でも強制的に支払いをさせるには、裁判しなければなりませんからね。	弁：そうですよね。Y社の場合、資産がないので、裁判などの手続はどうも費用倒れになりそうな事案ですね。Bさんは今「払えない方が強い」とお感じなんですね。*1
B：これ以上、お金と時間をかけて裁判までしなければならないということが納得いきません。	B：そうなんです。
弁：裁判で勝訴判決をとっても、支払わなければ別途強制執行の手続も必要になりますが……。	弁：なるほど……ところで今、Y社のことだけを考えてらっしゃいますよね。

B：……。

B：当然です。

弁：でも、どうでしょうか。もしかしたら会社の「強さ」って、多少の挫折があってもへこたれず本来の事業を伸ばしていける会社ってことはないでしょうか。*2

B：あ、それはそうかな。

弁：それに、取引先の信用を失ってしまった会社はもはや強いとはいえないでしょうね。

B：それはそうです。

弁：だとしたら、信用を失ってしまったY社は弱いですよね。

B：それはそう。

弁：逆に、御社が、Y社に分割払いのチャンスをあげて、そしてY社からの支払いは遅れても、御社はへこたれずに本来の事業を伸ばしていけたら、比較にならないほど御社が強かった、ってことにならないでしょうか。

B：(苦笑)そうでしたね。Y社と我が社を比べてるヒマはないですね。

　Y社との損得比較という「二分法の罠」に囚われているBの認識について、前例〔例4-2-7〕と同様に「リフレーミング」を試みた例です。

　【通常の対応例】はごく普通に説明していますが、Bの「うちは債権者なのに、まるで借りてる方が強い」ように思えて理不尽だと怒っている主観的事実・感情の受け止めを欠いています。

　【工夫例】＊1、＊2は、Bから出てきた「強い」という言葉をテコに使って、「強い」ことの意味（定義）をズラして用いています。Bは債務者の「立場

が」強いと言っているのを、弁護士は「強さ」の意味を会社としてのあるべき価値にリフレーミングしています。もちろんBとの関係性次第で、子ども騙しのようなものと思われるケースはあるかもしれませんが、〔例4-2-2〕(106頁)同様に、うまくいかなければ元に戻るだけのことです。

　この会話の後に、(Y社の状況次第ですが)「これから」どうするのがよいのか、分割支払いの交渉をするか、あるいは提訴して債務名義を取得しておくなど様々な選択肢を検討するモードに入れるとよいです。

例　4-2-9 ▶ 依頼者を勝ち負けの「二者択一」から変化させたいとき

　遺産分割調停事案で、依頼者Aと調停案を受諾するか打ち合わせ中です。Aは、計算の上では相手Yに1000万円の代償金を支払わなければならないことは理解していますが、心情的に「Yの主張する1000万円を支払うことは負けを認めることになる」と思い、調停案に同意できません。調停案はAに不利な○○の点は棚上げするもので、客観的にはAに有利な解決案です。

△ 通常の対応例	○ 工夫例
弁：Aさん、調停も大詰めです。今のタイミングで調停を成立させた方が結局のところAさんに有利なんじゃないかと思うので、今回はこの調停案で成立させたらどうでしょうか。	(同左)
A：うーん、先生の言うことは頭では理解できるのですけどね、負けになるという思いが渦巻くんですよ。	
弁：でも、今はAさんに不利な○○の点は度外視して調停手続が進んできているので、調停を蹴って審判ということになると、○○の点も考慮され、かえって不利になってしまう可能性が高いですよ。	弁：そうですね。Yさんも、ちょっとご自分の主張をしてきましたよね。計算どおりでは納得いかないというお気持ち、よく分かります。[1]
	A：全く、調停委員まで騙そうとする奴だからね。

A：うーん。

弁：Aさんの利益を考えると、弁護士としては、Aさんの思いには反しますが、今調停を成立させることを強くお勧めせざるをえません。

A：うーん……。

弁：まあもちろん、お決めになるのはAさんですから、よく考えて結論を出していただけませんか。Aさんの結論に従って全力を尽くしますので。

弁：そう感じられるんですね。さて、Aさん、それでこれからのことを一緒に考えたいのですが、調停を蹴るとどうなると思われますか。＊2

A：そりゃ、この前説明されたように……えーと審議だったか。

弁：そうそう、前にもご説明した審判という手続なんですけど、調停ではAさんに不利な〇〇の点を考慮しないで案を計算してますが、審判では裁判官だけが判断するので、〇〇の点で不利な判断が出ることはやむをえないのです。

A：うーん、それも困るなあ。

弁：Aさん、今回の1000万円という調停案は、Yが望んだというよりは、言うなれば調停委員会が望んだ解決案ということで、Yに向かって譲歩するというのではなく、調停委員の顔を立てて大人の解決をしてあげる、と考えたらどうでしょうか。＊3

　【通常の対応例】では、「負けになる」という依頼者の誤認（客観的には有利）を含んだ二者択一の枠組みに基づく認識と、そこから生じる悔しいという感情をそのままにして、理をもって「説得」しようとしているので、弁護士も依頼者も困った状態になっています。

　【工夫例】では、＊1で気持ちを「受け止め」、＊2で「リフレーミング」の一環としてまず誤認を解くきっかけとする目的の問いを発しています。調停を蹴るとAにとって不利なことが分かっている場合、それを弁護士から先に説明するのでなく、A自身に答えてもらうという話法が有効なこともあるでしょう。この例では、Aが少し話したところで弁護士が引き取って説明しましたが、そ

の説明の前に、問われたＡは自分の問題として考える、大げさに言えば「衝撃」を感じたはずです（問い→〔スキル2-3〕164頁）。

> 🔍 **実務で使えるこの着眼**
>
> ＊2　先に説明してしまうのでなく、「問う」

　＊3は、依頼者と相手方とのトレードオフ（ゼロサム）関係＝「勝ち負け」の二者択一認識を変えるために、「第三の方向に注意を」向けています。依頼者Ａvs相手方Ｙの二者関係から視点を変え、「Ｙの主張」を呑むのでなく調停委員の案を呑むのだ、と視点をズラしています。

　＊3の「大人の解決をしてあげてはどうですか」は、認識を変えることが「あなたが立派であることを示すことだ」と言葉での報酬を提示しているといえるでしょう。「促し」（→〔スキル2-2〕(ⅲ)163頁）の言葉のスキルです。

> 💬 **実務で使えるこのフレーズ**
>
> ＊3　「大人の解決をしてあげる」

　依頼者が「勝ち負け」の二者択一のフレームにはまっている場合に、どうやって「視点を変え」たらよいでしょうか（視点を変える→〔スキル2-6〕(ⅰ)173頁）。その視点を見出すため、まず、問題となっているテーマを文章で書いてみてはどうでしょうか。例えば「今、裁判所で、Ｙの主張する調停案を、受け入れる（呑む）」のように。【工夫例】では、「Ｙでなく調停委員」のように、人の視点を変え、同時に「呑むのでなく、解決してあげる」のように、行為の意味を変える視点もありました。この他にも「今は譲ったが、将来は譲ってもらう」という「時間」の視点、さらには「裁判では負けて、世間（人生）では勝つ」（〔例5-4-1〕142頁参照）のように「場」とでも言いうる視点を変えることもあるでしょう。

> 🔍 **実務で使えるこの着眼**
>
> 視点を変えるには、人、行為、時間、場などを変えてみる

例 4-2-10 プライドの高い依頼者に納得してもらいたいとき

依頼者Aは非常にプライドが高く自己の主張が正しいと確信しており、証拠調べ後の和解手続で、現時点の和解案についてこれでは自分の主張が認められていないと不服です。弁護士から見るとこれ以上はない和解案であり、判決になったら到底認められないと確信しているものの、なかなか納得を得られません。

△ 通常の対応例	○ 工夫例
弁：Aさん、何度かお話してきたように、判決となったらこの和解案どころか実質敗訴となる可能性もあるので、リスクを避けるために、和解で決着させることがAさんにとって利益になると思いますよ。*1	(同左)
A：そのような説明もあったかもしれないけれど、これまで散々打ち合わせをして証拠もきっちり出したんだから裁判所が認めないはずがなかろう。こんな案を呑んだら相手を喜ばしてしまうよ。	
弁：証言や証拠の評価を冷静に検討すると、判決になった場合のリスクは高いと思いますので、ここは合理的な判断をしていただいた方がいいと思うのですが。*2	弁：そうですね。Aさんにはとてもうまい証言をしていただきました。*3 ただ、請求原因との関係での証拠は薄いですし、判決ということになると裁判官も人間なので、ときには判断がぶれたりするリスクをなくすことはできないんです。それに判決が出て控訴ということになると決着までに時間がかかります。*4
A：私が冷静でないとおっしゃっているんですか。	Aさんは、○○という立派な仕事をされているんですから、裁判は時間をかけないで早期に決着させて仕

事に専念されたら一層尊敬を集める存在におなりになるのではないでしょうか。私はそう感じています。＊5

　納得を得られなければ判決となり、その結果によりＡとの関係が一層悪化し、無理に説得しようとすればやはり関係が悪化する、難しい場面です。

　【通常の対応例】＊1のように、依頼者にとって何が利益になるかを説明して説得することが通常の方法です（損得の計算）。ただ、このＡは自己の主張が絶対正しいと考えているようで、説得が難しい場合に＊2のような正攻法の説得ではギクシャクしてしまいがちです。

　【工夫例】は、＊3でその人や行動を讃えることにより（讃える→〔スキル1-4〕(v)156頁）、すなわちその人のプライドを満足させる要素を持ち込んだうえで[21]、＊4和解に応じた方がよい根拠も示して、＊5で和解に応じることの意味を「リフレーミング」する方法を採っています。この＊5の部分のリフレーミングは、Ａの職業や社会的立場に応じて色々工夫の余地があると思います。＊5は脈絡を欠けば唐突な提案に聞こえてしまいそうなので、＊4「時間がかかる」との「対比」で＊5「時間をかけないで」スマートな処理を提案しています。

　この【工夫例】＊3、＊5のようにＡを持ち上げるような対応には異論もあると思いますが、このＡが自己愛性パーソナリティの境界に近いような人である場合には有効な方法と思われます[22]。

　なお、＊3のようなＡ証言の承認は、法的な見通しについても裏書きしたと誤解されかねず、少し危ういレトリックです。Ａの証言の肯定とその証拠評価は別であること、及びそもそも要証事実との関係でＡ証言の持つ意味なども話しておく必要があります。

例　4-2-11　依頼者の視点を逆にしてみたいとき

　遺産分割調停の手続中。依頼者Ａは甲不動産を取得して代償金1000万円を支

21　岡田編「難しい依頼者」86頁に「プライドをくすぐる」とありますが、そのようなレトリックの一例になります。

22　岡田編「難しい依頼者」64頁〜に「高飛車な態度をとる依頼者」として、特権意識を持ち特別対応を要求する等の難しさを持つ依頼者対応の説明があります。

払う案を提案し、相手方YはAが甲不動産を取得する場合、代償金2000万円の支払いを要求している。Aとの打ち合わせ場面です。

△ 通常の対応例	○ 工夫例
A：参りましたよ。Yときたら2000万円も要求するなんて、欲の皮が突っ張ってるとしか言い様がないです。	（同左）
弁：そうですねえ……（Aも1000万円で済ませようというのは虫がいいんだけど）。 　でも、甲不動産の査定額からすると、Yさんの要求もあながち不合理ではないようにも思えます。調停で合意できないと審判になり査定額に沿って判断される可能性があるので、もう少し調停で歩み寄れないか、考えてみてはどうでしょうか。*1	弁：どうでしょう、頭の体操として、色々なケースを考えてみたいのですが、逆に、Yさんが甲不動産を取得することにして、Aさんが代償金として2000万円を要求してみては。*2

　和解・調停や交渉で、「視点を変え」て相手方の立場に立って見ることも有益です（→〔スキル2-6〕（ⅰ）173頁）。ただ、【通常の対応例】＊1のように、前提をそのままにして「相手方の立場で考えてみましょう」と誘ってみても、単に「歩み寄り」を勧めているように聞こえてしまう可能性もあります。このような場合、＊2のように「前提」から変えてみることが有益なことがあります。

🔍　実務で使えるこの着眼
＊2　依頼者と相手方の立場を逆にしてみる

　【工夫例】＊2のような視点の切り替えは、多くの弁護士が試みているものと思います。依頼者が甲不動産取得を絶対の前提としていることも多いでしょうが、その場合でも「頭の体操として」と問うてみることにより、甲不動産でなくてはならないという前提、代償金2000万円の妥当性などの認識を「変える」きっ

かけとして有益と思います。

> **💬 実務で使えるこのフレーズ**
>
> ＊2　「頭の体操として」

　本例の【工夫例】の発想は、和解のテクニックとして有名な「一人がケーキを切り、他方が選ぶ」方法に隣接しています[23]。

　本例では依頼者の認識を変えるきっかけとして問いを投げかけたものですが、合意に至る「ルールについての合意」も内容とする交渉案の工夫も考えられます。例えば、Aが甲不動産を取得する前提を動かさないで代償金額について最終提案仲裁（final offer arbitration）のルールによること[24]、また、双方がそれぞれ公平と考える案を提示し裁判官（仲裁者）が妥当と判断した方の案を採用するが、提示案の内容は「甲不動産の取得者がいくら代償金を支払うか」に限定され、採用された案の内容に従って選択する権利を他方当事者に与える、とのルールによること[25]、などです。

23　「Aが甲案、乙案を立案したとして、そのいずれかの案を選択する権利がBにある」とするルールに両者が事前に合意できる場合。草野芳郎「新和解技術論」90頁、フィッシャー＆ユーリー「ハーバード流交渉術」148頁など参照。

24　双方が最終的提案をし、仲裁者がいずれかの案を選択するとのルールで「野球仲裁」とも呼ばれています。一方が強欲で一方が合理的な案を提案した場合、合理的な案が採用されるので合理的な案を出すインセンティブが生じるものです。なお、廣田尚久弁護士は、一方が遠慮しすぎた場合には双方案の中間値をもって仲裁判断とするとの付帯条件を付した方法を提案しています（同弁護士は色々な御著書で紹介されていますが、差しあたり同弁護士による「若手法律家のための和解のコツ」57、68頁参照）。なお、双方が強欲な案を譲らなかった場合は、仲裁者はいずれも不合理な案のどちらかを選ばなければならないことになります（フィッシャー＆ユーリー「ハーバード流交渉術」150頁参照）。

25　草野芳郎「新和解技術論」90頁に同様の方法が説明されています。なお、同書174頁以下に説明のある「相乗平均」法は有益な視点だと思います。足して2で割る相加平均でなく、掛けてルートする幾何平均のことであり、正方形の辺の長さを意味するところから公平感があるというレトリックが利用できます。A案100万円、B案500万円の場合、BはAの5倍なのでルート5→223万円が相乗平均値になり、もしB案が「倍」の1000万円のとき、A案が「半分」50万円になれば相乗平均値は変わらないことになります。

第 5 章

依頼者から静かに撤退する場面

1 相談だけで終了するケース

　相談だけで終了する場合、「終わり方」として、誤解(過度な期待、過度な絶望その他)を与えないように注意することになります。次例〔例5-1-1〕は過度な期待を与えない言い方です。

例 5-1-1 見解を述べて終了するとき

　相談者Aは、弁護士に依頼する意思はなく自分で対応するつもりで相談に来ている状況です。

△ 通常の対応例	○ 工夫例
A：じゃあ、結局のところ、私はYに対して損害賠償を請求できますね。	(同左)
弁：はい。この件では、あなたのお考えのように、損害賠償を請求できるといって差し支えないでしょう。	弁：本日お持ちになった資料を拝見し、お話をお聞きした限りでは、あなたのお考えのように、損害賠償を請求することには、根拠があると思われます。*1

　相談終了後に相談者が回答を利用してトラブルを発生させ、後になって「弁護士が請求できると言ったから」と言われることもあろうかと思われます。相談時に必要な資料・情報が不足なく提供されているとは限りませんので、見解を述べて相談を終了する場合は、【工夫例】＊1のように「見解の前提」を明示しておく必要があります。

　また、「できる」「してよい」というように行動を全面的に是認する言い方でなく、＊1請求には「根拠がある」と「思われる」というような表現がベターでしょう。相談の細かい言い回しまで記録するかどうかは別として、事実としてどう話したかは重要な事柄です。もちろん、本例＊1は発言の一部を示したもので、実際には事案に応じてさらに言葉を尽くした説明が必要です。

　また、例えば「私は100万円請求できますか」という問いに対する答え「請求できます」には、次の二つの意味があります。①請求することは許容される（不当請求・不当訴訟にならない）、②提訴すれば100万円の認容判決が貰える。一般の方は②の意味で考え、法律専門家は①の意味で考えることが多いでしょう。相談者が提訴を前提に質問している場合には、この二つの意味について明確に説明する必要があります。

2　受任を謝絶するケース

　受任を謝絶するかどうか（〔例5-2-2〕129頁）、謝絶する話し方（〔例5-2-3〕131頁、〔例5-2-4〕134頁）、心療内科医等の受診を勧める言い方（〔例5-2-5〕135頁）、また謝絶する際の理由については〔スキル3-2〕（178頁）で触れます。謝絶するケースの諸問題について、中村真「新版法律相談入門」240頁以下に比類ない優れた解説がありますのでぜひ参照してください。

例　5-2-1　謝絶する場合で弁護士を紹介するとき

　「私は対応できない」と言うと、「いい弁護士を紹介してくれませんか」と言われることが多いものです。かなり急を要し、かつ弁護士が対応した方がよい案件で、弁護士の側の事情（業務多忙、専門外、利益相反のおそれ）で受任できない場合、弁護士会・法テラスの窓口を紹介するだけでは相談者は不安に感じて「いい弁護士を紹介してくれませんか。弁護士は誰も知らないんです」と紹介を望まれることがままあります。さりとて、弁護士側には他の弁護士を個別に打診して紹介する余裕がなく（候補を選択し、打診するには、事案を要約して伝えたり、また返事が返ってくるまでに結構手間と時間がかかります）、また、紹介された場合の弁護士の負担を考えると、おいそれと紹介はできないという場合があります。そのようなときに例外的ながら次のように対応したことがあります。

○ 工夫例

弁：申し訳ありません。私自身は対応できないのですが、お急ぎになられた方がよい案件と思います。ただ、申し訳ありませんが、紹介するとなると事前連絡や関係チェックなどかなり時間がかかってしまい、私も時間の余裕がないしＡさんの急ぎの対応にも間に合いません。そこで、次のようにしていただいたらどうでしょうか。この件について適当と思われる弁護士を後ほど名簿からピックアップして、その氏名を○人くらいお伝えします。それで、次のようにおっしゃってみてください。

「甲野弁護士からお名前をお聞きして電話しています。紹介はできないということで紹介ではないですが、少し急ぎの案件なので、相談を受けていただけますか」

くれぐれも、紹介はできないので、紹介ではないとはっきりおっしゃってください。それらの弁護士が相談に応じられるかは分かりません。後はご自分で何とかしてくださるようお願いします。

　もちろん、紹介ではないといっても、電話を受けた弁護士は、紹介に近いものと受け止めるので、名前を挙げた弁護士の迷惑にならないような案件で、一定の関係のある弁護士に限ります。くれぐれも濫用しないでください（あなた自身に跳ね返ってきます）。

例 5-2-2　弁護士が謝絶するかどうかを迷っているとき

　相談者Ａは、そのきょうだいである相手方Ｙとの間で遺産分割交渉がデッドロックに陥っています。Ａ・Ｙ共に評価額の高い「甲土地」の取得を希望せず、双方一歩も譲らない状況となって、弁護士に依頼したいと相談に来ています。甲野弁護士は、ＡがＹを悪く言う態度や、信頼して全ての事実を話しているかどうか疑念も感じるなどのことから、少々受任を迷っています。

受任しない方向	受任する方向
弁：Ａさん、私の経験では、民事の案件って、思いも寄らない事態が起きて前提条件が変わってしまうケースが結	（同左）

構あるんですよ。仮に、ですよ、例え
ばYさんに不運な出来事があって、
Yさん一家が生活に困窮するよう
な事態になったとした場合、Yさん
との話し合いはどうなるでしょう
かね。*1

A：そりゃ、溝に落ちた犬は叩けと言い
ますからね、こっちはもっと強気に
出てもいいんじゃないですかね。

弁：もう少し状況を確認したいのです
が、Yさんの家族構成からして、別
の「乙土地」を使いたいという事態
が生じる可能性はないですか。例え
ば、Yさんのご長男が無事に医学部
入学が決まるとか。

A：あのバカ息子に限ってそんなこと
はないよ。

弁：そうですか……。今までお話を伺っ
てきて、私としてはこの件は話し合
いで円満に決着する見通しは難し
いように感じます。

A：そりゃ、生活にも困窮するようなこ
とがもしあったら、少し考えてやら
なきゃいかんことになるかな。ま
あ、先生、あいつはしっかりしてる
からそんなことにはなりませんよ。

弁：なるほど、では、もう少し状況を確認
したいのですが、Yさんの家族構成
からして、別の「乙土地」を使いたい
という事態が生じる可能性はない
ですか。例えば、Yさんのご長男が
無事に医学部入学が決まるとか。

A：ああ、そうなったら、Yも考えを変
えるかもしれないな。

弁：またAさんのお宅でも状況が変化す
る可能性はあるのではないですか。

A：うちの娘が結婚して、そのお相手次
第では考えが変わるかもしれな
いな。

　＊1は、リトマス試験紙のような意味で、仮定の問いを投げかけてみたもの
で、「私の経験では」との前置きにより一定の意味のある問いであることを示し
ています。

　この問いに対し、【受任しない方向】のAは、自分の利害だけを考え、かつ相
手に対しあまりにトゲトゲしい感情を持っているとの印象を持ちます。各々の弁
護士の価値観次第ですが、筆者なら、このような方の受任を謝絶すると思います。

　【受任する方向】のＡは、Ｙ一家の「生活に困窮」というイメージを一定程度具体的に持つことができて、少し柔らかな考え方もできる方のようです。その方向で具体的事情を聞き、その応答を通じてＡの人柄を把握し、解消困難なデッドロックが融ける可能性のある事件かを見極めることになるでしょう。

　謝絶の際の言い方について、次のとおり例を示してみます。

言い方1「荷が重い」	言い方2「ポリシー」
弁：お聞きしますと、これは難しい案件で、私では荷が重いと感じられましたので、別の弁護士に依頼された方がよろしいかと存じます。	弁：私は、話し合いで円満に解決することをポリシーとしているのですが、この件は別の弁護士に相談してみられてはいかがでしょうか。*2

　この言い方1、言い方2の差はほとんどなく、どちらの言い方も普通にされていると思います。言い方1は弁護士の能力不足を理由としていると受け止められうる点でやや躊躇を感じますが、「荷が重い」という表現は、よい意味で曖昧な言葉ともいえ、ケース次第です。

> **💬 実務で使えるこのフレーズ**
>
> ＊2　「円満に解決することをポリシーとしているのですが」

　言い方2は、弁護士の「ポリシー」を口にすることにより、受任しない意思を、それほどきつくない言葉により示しています。明確に意思を示すことは、雰囲気を悪化させるおそれもありますが（その点、次例〔例5-2-3〕も参照）、ポリシーならしょうがない（議論してもしょうがない）、と感じてもらえることもあるでしょう。

例 5-2-3 ▶ 相談者が同調できない意見に固執するとき

　Ａは、甲野弁護士が同調できない手段・方法の仕事の受任を要求しています。その方法は違法ではないものの、甲野弁護士としては避けるべきと考えています。

△ 通常の対応例	○ 工夫例
A：とにかく、僕の言うとおりに弁護士さんにやってほしいんだ。 弁：いえ、申し訳ありませんが、さっきからも申し上げているとおり、私としてはあなたのご希望には添えません。*1 A：どうしてもだめなんですか。 弁：申し訳ありません。どうか他の弁護士の意見も聞いてみてください。*2 A：じゃあ、もういいよ。帰るから。（憤然と席を立つ）	（同左） 弁：そうですか。先ほどから私の考えは申しましたが、どうしても、そうですか。*3 A：そうです。 弁：ちょっと、私としては困りました。弁護士も人それぞれですから、私でない他の弁護士の意見も聞いてみるというのはいかがでしょうか。*4 A：今から他の弁護士を探すのも大変だから、先生が引き受けてくれませんか。 弁：Aさんのお気持ちは分かります。Aさんのお考えが間違っているというわけではありません。一方で、私には私の仕事のやり方があって、このケースで私はその方法は使えないという考えなので、どうかご了解ください。*5 　　今日は、ご足労をおかけして本当に申し訳ありませんでした。*6

　まず、依頼の目的や事件処理の方法が明らかに不当な事件（職務基本規程31条、「クロスレファレンス民事実務講義」§703参照）については、不当であることを明確にして受任できないことを伝える必要があります。

　明らかに不当とはいえないが同調できないケースでは、相談者の考える手段のデメリットの説明や、他の選択肢は考えられないかなど、説明・説得は尽くすべきです。そして謝絶する局面では、可能な限り相談者を怒らせないで終了させたいものです。【通常の対応例】は悪くない対応で、このような終わり方になるこ

とも結構あるでしょう。

　一般的に言って、謝絶せざるをえない場合は、突然に終了するのでなく、結論は変えませんが「言葉を多めに使う」ことがよいでしょう。【通常の対応例】＊1の断定に対し、【工夫例】＊3は、まず相談者が翻意する可能性がないかを最終的に問いの形で確認しています。＊4は、【通常の対応例】＊2と同じく他の弁護士への相談を誘導していますが、＊2と比べて次の言葉を加えています。

> 💬 実務で使えるこのフレーズ
>
> ＊4「弁護士も人それぞれですから」

　この言葉を付け加えることにより、少しでも他の弁護士に期待を持たせる言い方になっています（〔例5-2-4〕134頁と同様の謝絶の仕方です）。なお、【通常の対応例】＊2は「聞いてみてください」、【工夫例】＊3は「聞いてみるというのはいかがでしょうか」と微妙な違いがあります（命令形／問いかけで言葉が少し多い）。

　＊5では、A「自身」を否定するのでなく→Aが主張する「手段」（コト）が採れない→A側でなく「弁護士側の理由」により採れない、という流れにもっていっています（ただし、すぐ上に述べたように明らかに不当な事件では回りくどい言い方をすべきではありません）。

> 🔍 実務で使えるこの着眼
>
> ＊5「人」を否定しない

　どんな場面でも、相談者の「人」を否定することになる言い方は避け、人の外部にある「コト」などを否定するのがよいでしょう。

　＊5では「Aさんのお考えが間違っているというわけではない」と「クッション」を入れ、次に「その方法」と「外部化」して、「わたし」の弁護士の仕事の「やり方」としてその方法は採らないと説明しています。比較すると次のような違いになります。

△ 通常の対応例	○ 工夫例
＊1　あなたのご希望には沿えません。	＊5　その方法は使えません。

💬 **実務で使えるこのフレーズ**

＊5「私の仕事のやり方があって」

　また＊5は「わたしメッセージ」（→〔スキル2-4〕(iv) 167頁）で、「私の仕事の
やり方」については、相談者も通常は文句をつけにくいところであり、Aとい
う人を否定しないで、謝絶する方向に、何とか理由を付して説明しています。

　相談者の意向に沿わないのですから、怒られることがあるのはやむをえないこと
なので、＊6を含む発言のように言葉の数を多めにして「申し訳ない」と言うのがよ
いと思われます。本書では凝縮していますが、現実にはもっと、「暑い中を」「遠く
から」ご足労をおかけしてとか言葉を増やし、「ご多幸をお祈りしています」などの
言葉も付け加えることにより、少しでもソフトにすべく工夫するでしょう。

例 5-2-4 ▶ 証拠の乏しい案件の受任を謝絶するとき

　Aの言い分では近所の人に悪口を言いふらされているという相談です。甲野
弁護士は証拠が乏しいことを理由に受任を謝絶しようとしています。

△ 通常の対応例	○ 工夫例
A：なぜ受任していただけないんですか。	
弁：弁護士が受任する以上それなりに確かな証拠がないと主張することはできないんです。	（同左）
A：証拠は全部あります。＊1	
弁：どんな証拠なんですか。	弁：ああ、よくぞこんなに頑張って証拠を集められたんですね。これ以上のものは期待できないベストのものと思います。＊2
（中略……弁護士からみると証拠にならない）	
弁：やはり裁判になったときに、認められる可能性の高いものでないと使えないんです。	Aさん、裁判での証拠については色々な考えがありうるところですが、裁判所の考え方からすると、私は、このベストの証拠でも裁判では
A：なんで裁判で認められないのですか。	
弁：それは……。（客観性など説明）	

Ａ：（納得しない）→次例〔例5-2-5〕へ展開	有効打として認めてくれないと感じています。*3 　ご納得は難しいかもしれませんが、弁護士も人それぞれですから、どうか他の弁護士の意見も聞いてみてください。*4

＊1　「証拠は全部あります」というフレーズは、なぜか弁護士の目から見ると証拠が乏しい場合によく聞くように感じます。

【通常の対応例】の話し方はごく普通のもので、悪くはありません。【工夫例】＊2は相談者をとにかく「受け止め」、（内容の善し悪しはともかく）今まで自分で対処してきたこと自体を「承認」したうえで、＊3で謝絶しています。これに対してもなぜか、など問いが重ねられると、いずれにしても水掛け論になりますが、第三者（裁判所）の評価を【工夫例】＊3の「わたしメッセージ」で伝える方が、僅かながら「しょうがない」という方向に至りやすいでしょう。客観的基準の議論にならない方向で、前例〔例5-2-3〕の「私の仕事のやり方」と共通します。また些細な表現ですが、「できないと考えている」よりも「感じている」の方が客観的基準の議論になりにくいと感じます。また＊4で、別の弁護士の可能性を残すことは〔例5-2-2〕（129頁）、前例〔例5-2-3〕と同様です。

例　5-2-5 ▶ 心療内科などの専門家への受診を勧めるとき

前例〔例5-2-4〕（134頁）の【通常の対応例】の続きで、相談者Ａから眠れないなどの症状があることを聞き取っている状況です。

△ 通常の対応例	○ 工夫例
Ａ：弁護士は困った人を助けるのが仕事でしょう。困っている私を助けてくれないんですか。*1	（同左）
弁：それはそうですが、先ほどからお話しているように証拠が不十分なので無理なんですよ。	弁：お困りであることはよく分かりました。私も同じような目に遭ったら同じように感じると思います……。

Ａ：証拠を見つけてくるのが弁護士の
　　仕事でしょう。

弁：いや、受任してないし、あなたの話
　　だけでは……。

Ａ：私が嘘を言ってるというの？

弁：そんなこと言ってません。

Ａ：同じことじゃない。私の言うことが
　　信用できないから引き受けてくれ
　　ないんでしょう。引き受けてくださ
　　るのか、くださらないのか、どっち
　　なんですか。＊2

弁：(困って)お引き受けできません！

Ａ：信用しないってことですね。分かり
　　ました。こっちにも考えがありま
　　す。(憤然と席を立つ)

ただ、最終的に裁判所が認める証拠
に基づいて行動しなければならな
いものですから、今お聞きしたお話
からすると、裁判所ではなく、別の
機関、例えば○○に相談されたこと
はないですか？＊3

Ａ：(多くの場合、諸相談窓口や警察、人
　　権相談等に行き尽くしている)

弁：そうですか。それはお困りでしょ
　　う。では、あなたのおっしゃる○○
　　(相手方)のことから視点を変えて、
　　今お困りの辛いこと、例えば夜眠れ
　　ない状況について援助してくれると
　　ころはないか、考えてみませんか。＊4

Ａ：助けてくれるのかな。

弁：とにもかくにも、体のことについて
　　は医者が専門家です。餅は餅屋なん
　　ですから、とりあえず、「今」眠れな
　　くて体が辛いことについては体の
　　専門家に助けていただくのがいい
　　のだろうと思います。＊5

　　　先ほどからお聞きしていると、今よ
　　い証拠が手の中にない、ということの
　　原因の一つは、あなたが落ち着いて
　　事実経緯を整理できてないことも関
　　係しそうです。どうですか、まずは、
　　今の問題を軽くしてくれる可能性の
　　あるお医者さんに行くことにパワー
　　を集中してみてはどうでしょうか。＊6

＊1「弁護士は正義の味方。だったら私を助けないのか」と言われることがあります。【通常の対応例】では、受任しない理由を証拠に求めて「議論」になっています。Aが畳みかけて＊2「私を信用しているのかいないのか」、危険な二者択一に陥っています。証拠→「私の言うことを信用」という流れになりやすいので、【工夫例】＊3では、Aの感情だけを「受け止め」たうえで、視点をはずす「問い」に移っています（別の機関に言及するかはケースバイケース）。そして、＊4でAの「今、辛いこと」に焦点を移しています（それはお困りでしょう→〔例1-5〕18頁）。「今」の問題に限れば一定の共通理解が成り立つはずで、身体的な問題（症状）が生じている場合、「原因治療」（法的対処）でなく、＊5、＊6で、とりあえず「対症療法」（医師の受診）を受けることを勧めています[26]。

> 🔍 **実務で使えるこの着眼**
>
> ＊5、＊6 「原因治療」でなく、とりあえず「対症療法」

そうして、今の体のことに注意を向けて受診を勧めます。

> ┈┈ **実務で使えるこのフレーズ**
>
> ＊5「とにもかくにも、体のことについては医者が専門家です」

本書では、「電波系」の相談者については特に取り上げていませんが、「今教えていただいた状況の下では本当に大変でしょう」などと「受け止め」つつ、困っていることを聞き、その中に不眠などの症状が出てくれば、今の体の症状について、とりあえず対処することを勧めるという方法があります。

例 5-2-6 支配的な依頼者の受任を謝絶するとき

顧問会社をいくつか持つ弁護士事務所のアソシエイト甲野弁護士に、顧問会社Bの総務部長Cから社員Aの個人的な相談に乗ってあげてほしいと依頼がありました。来所したAはいかにもエリート社員然としており、自分の離婚案件について理路整然と話し始めます。

26　土井・大久保編著「イライラ多めの」126頁参照

△ 通常の対応例	○ 工夫例
A：……ということで、妻の不貞の証拠も完璧ですから、ネットで見ると慰謝料相場は500万円以上になります。妻には資産がほとんどありませんので、厳しく請求することまではしませんが、懲らしめのためにもきちっと判決を取ってくださいますか。	（同左）
弁：ちょっと待ってください。その証拠では不貞そのものの証拠とまではいえなくて、ネット相場まで認められるかはちょっと問題がありそうですし、そもそもその証拠入手方法については若干検討が必要かと。[*1]	弁：なるほど、B社のトップ社員と伺ってますが、さすがAさん、きっちりと証拠を取って調査も弁護士以上に行き届いていらっしゃいますね。[*4]
A：うん？　甲野さんが躊躇する理由は以上に尽きますか。	A：いやいや。
弁：ええ……まあ問題点はそんなところです。	弁：C部長からご紹介を受けたのでお話の入口の部分を伺いましたが、Aさんのレベルのご相談をお受けするにはうちの事務所の専門性からすると、Aさんにとってベストの選択ではないと思います。[*5]
A：だったら、裁判所が社会の常識とずれてるんでしょうけど、それを突破していくのが弁護士の仕事でしょ。問題が何もない案件だったら弁護士じゃなくても務まるじゃないですか。	A：うん？
弁：え……ともかく、この案件で私は受任しない方がいいと思います。[*2]	弁：裁判所の運用は必ずしも社会人の常識と一致するとは限りませんので、弁護士が下手だと、Aさんの考えるような結果を実現できる可能性を潰すことにもなりかねません。[*6]
A：なぜなんですか。理由は。	A：なるほど、貴事務所は離婚は専門じゃないんですね。
弁：え……私には荷が重いかと。離婚専門の事務所ではないですし。[*3]	弁：企業法務中心です。Aさんはいろんなネットワークを持っていらっしゃるから専門弁護士を見つけることは
A：それ、早く言ってください。総務部	

長から紹介されたけど、こんな簡単なことでも使えない事務所ってことですかね。

弁：……すみません。

難しくないと思います。*7

今日は入口のお話を伺いましたが、弁護士には厳格な職業上の守秘義務がありますので、当然ながらお話の内容は御社の総務部長にもお伝えできません。一切口外しませんので、ご了解ください。*8

　この相談者は、自己愛的性格があり、弁護士を支配しようとするだけでなく、依頼した「結果」をも支配しようとしているように感じられました。上記では簡略化していますが、甲野弁護士に対し妻の欠点を厳しくあげつらい、甲野弁護士も知らないテクノロジーを使って妻の不貞証拠（ただし、裁判所の目から見ると完璧ではない）を取得し、この証拠に対する妻からの想定される反論を一々潰していくＡの話しぶりは、弁護士を妻と見立てるとあたかも家庭でのやりとりを再現している感があります。「妻の考えが理解できない」というＡに対し、甲野弁護士自身が「理解できないのはＡの方に原因があるのではないか」と感じました。

　このようなタイプの人の案件を受任せざるをえないときは、予め時間などのセッティングを行うべきですが（→〔スキル1-2〕(ⅱ)148頁）、依頼の成果に対する要求が厳しく、判決などの「結果」をも支配しないではいられない人についてはセッティングだけでは対応しきれないと感じます。

　ではどのように「受け止め」ましょうか。相談者のプライドを傷つけず、また顧問会社との関係でもまずくない謝絶の方法が望まれます。

　まず、本例では【通常の対応例】＊1のように事案の問題点を指摘しない方がよいでしょう。謝絶の理由は事案の見通しではなく、ひとえに相談者の要求に弁護士が応えられない点にあるのですから。次に、＊2「私は〜〜しない方がいい」との発言は、受任すべき案件かという「善し悪し」の価値判断を暗に含むので不毛な議論を生みやすいものです。【工夫例】＊5、＊6の二つの発言にあるようにひとえに相談者にとっての「利害」に焦点を当てるのがよいでしょう。

　また、【通常の対応例】＊3は、通常は悪くはないのですが、本例の文脈では弁護士個人の能力の問題を認めてＡの支配下に入りますという感じになってしまいます。【工夫例】＊4のように、まずは相談者のプライドを尊重することを

表現したうえで、＊5利害を説き、＊7やはりプライドをくすぐりながら別の選択肢を示し、さらに＊8守秘義務を強調して遺漏のないようにしています。

> ▬▬ 実務で使えるこのフレーズ
>
> ＊5 「Aさんにとってベストの選択ではない」

　自己愛的性格かどうかにかかわらず、相談者自身に能力がある場合で（弁護士にアクセスする能力を含む）、一通り話を聞いて受任しにくいと思った場合は、相談者にとっての利害に焦点を当てて、やや理詰めで理由を述べるという方法が適しているでしょう。

3　受任後に辞任するケース

例　5-3-1　事件処理の方針について意見が一致しないとき

　依頼者Aから受任中の訴訟事件について、「事件処理方針についての意見の不一致」を理由に辞任するケース（〔例4-1-6〕99頁の続き）です。

△ 通常の対応例	○ 工夫例
弁：今まで、何度も事件の処理方針について協議させていただきましたが、考え方の違いを埋め合わせることは難しいと思いますので、辞任させていただきます。	弁：今まで、何度か事件の処理方針について協議させていただきましたね。 A：そうですね。 弁：それで、進め方についての考え方に違いがあることは段々はっきりしたと感じます。私としては、このまま私が代理人を続けることはAさんの利益にならないと思いますので、今のうちに本件を辞任させてくださいますか。＊1

　【通常の対応例】と【工夫例】に大きな違いがあるわけではないですが、【通常の対応例】の方がややニュアンスがきつく、何度も「も」と言っていますが、散々協議したにもかかわらずあなたは理解しなかった、というニュアンスがあり

ます。この状況では、「も」より【工夫例】の「か」の方がニュートラルです。

> 💬 **実務で使えるこのフレーズ**
>
> ＊1 「私が代理人を続けることはAさんの利益にならないと思いますので」

　多くの弁護士が辞任の際にこのような言い方をしていると思います。依頼者の利益を前面に出すことがポイントです。また「Aさんの利益にならないので」と言わず、「と思います」のように「わたしメッセージ」による方がベターでしょう（正しさの議論を避けるため→〔スキル2-4〕(iv) 168頁）。

例 5-3-2 ▶ 依頼者が虚偽の証拠を使用しようとするとき

　人証の実施が近づいた時期での打ち合わせです。依頼者Aは「領収証」が見つかったと言って持参してきましたが、他の証拠と照らし合わせると不自然だったので、弁護士がその旨を指摘すると、Aは次のように言い出しました。

△ 通常の対応例	○ 工夫例
A：えへへ、まあ先生は鋭いからお気付きになったけど、ちょっと分からないでしょう。もし、ばれたら、私が勘違いして持って来たことにしますから、提出してください。 弁：いや、それはできません。 A：聞かなかったことにしていただければいいじゃないですか。 弁：弁護士は、弁護士倫理上、虚偽の証拠は提出できないんです。＊1 A：それは弁護士の内輪の話でしょう。虚偽と決まったわけじゃないんだから、依頼者の言うことを聞いてくださいよ。 弁：いや、そういうわけにはいかないんです。	（同左） 弁：弁護士は虚偽の疑いのあるものを本当のものとして提出することはできません。＊2 A：虚偽と決まったわけじゃないんですから、依頼者の言うことを聞いてくださいよ。 弁：お怒りにならないでください。でも、私はできません。＊3

　＊1のように、できないことの理由として弁護士倫理違反（のおそれ）の点を説明する場面もあるでしょうが[27]、本問のような場面では、筆者は理由説明よりも＊2「できない」という「態度表明」を前面に出すのがよいと考えてきました。

Q　実務で使えるこの着眼

＊2　理由説明よりも態度表明

　そこで＊2は真顔で言います。それに対する相手の反応によっては違う展開もあるでしょうが、本例のような反応でしたら、＊3「わたしメッセージ」でキッパリと発語します。そして、筆者であれば一般的には次のように言い、辞任します。

〇 工夫例

弁：ところで、Aさん、今日話をさせていただきながら、Aさんにとって何がベストな方法か考えていたんですが、やっぱりAさんの考えに合う弁護士を依頼されることがAさんにとってベストな選択だと思います。＊4
　　　私はAさんの役に立たないことがお分かりになったと思うので、今日をもって辞任させていただきます。

　＊4では〔例5-2-6〕（137頁）同様に依頼者にとっての利害を理由として述べています（違法性が明白な場合は、別の弁護士の示唆は避けます）。
　筆者の場合、このような依頼者は数は多くないですが、こう言って辞任について異論を出されたことはありませんでした。

4　特別なやりとり

例　5-4-1　説得のために、少しキザなことを言うか迷ったとき

　弁護士は、依頼者Aに和解した方がいいと説得しようとしています。説得のために思いついたフレーズが、人生訓のようにも感じられ、少しためらっています。

27　弁護士法その他の法令に違反することが明らかなケースならその旨を明確に説明すべきです。ただ、断片的に話を聞いた状況では事実関係や法令の適用は明白でない状況も多いわけで、受任しない場合にそれらを突き詰めて聞いて把握する必要はありません。

△ 通常の対応例	○ 工夫例
弁：Aさん、思い切って言いますけど、Aさんにとって、ここで和解することは、「裁判で負けても、人生に勝つ」ということだと思います。	弁：そういえば、Aさん、思い出したんですけど、私の尊敬する先生がこんなことを言っていました。「あなた、裁判に勝って人生で負けるのと、裁判で負けて人生に勝つのとどちらがいいですか」と。昔の法律家は面白いことをおっしゃったもんですねえ。

　若い弁護士が、人生訓や人生経験の豊富さを背景にするアドバイスを自分の言葉として言うことは、少しキザになってしまうかもしれません。【通常の対応例】の「わたしメッセージ」ではガチガチに説得している感じで依頼者が考える余裕を失ってしまう感じもします。

　このようなとき、「尊敬する先生」が、などと前置きを置いて「わたし」を消すとよいでしょう。先生の名前を特定する必要はありません。司法界、あるいは学界の「言い伝え」でもよいのです。なお、本例のフレーズは筆者（京野）が勤務弁護士時代に所長（岡村勲弁護士）から聞いたフレーズです。

例 5-4-2 ▶ 弁護士自身に逆転移が生じたとき

　相談者Aは東京在住で、地方にいて母と同居する弟Yが母の預金を費消していると疑っています。弁護士自身は痴呆症の老母と同居しており、相談者の相手方Yにむしろ同情心を感じました。

△ 通常の対応例	○ 工夫例
A：ね、先生分かるでしょ。Yは、母と外食に行った際、自分の家族の分も母のカードから払わせてるんですよ。だから他の支出もこずるく理由を付けるに違いありません。	（同左）
弁：そうは言っても、一々分けられないんじゃないですか。毎回、分けて支払う	弁：そうは言っても、一々分けられないんじゃないですか……。*3

ことまで求めるんでしょうか。*1	
A：母が働きづめで貯めた大事なお金なんだから、それくらい当然じゃないですか。	（同左）
弁：あなたね、お母さまと同居して世話をしてあげている人が一緒に外食するって、お母さまのための支出だと思わないのですか。*2	弁：なるほど、それはそうとも言えるでしょうね。*4

　見出しに「逆転移」としましたが、要は「弁護士が何らかの『感情』を抱いた状態」です。弁護士自身が、相談者に対し怒りや嫌悪の感情を持つ、あるいは特別に助けてあげたいという気持ちを持つ、話に出てくる第三者に同情したり怒りを発するなど、色々な場合があります。

　【通常の対応例】で、*1、*2は、（当該相談の流れとはいえ）感情に流されて自分の言葉が出てきているようです。

　そこで、怒りなどの感情が生じるとき、例えば内心「ムッ」としたら、「逆転移だ！」と心の中で「言語化」し、次に出そうな言葉をまずは呑み込むとよいかもしれません（*3の場面）。「逆転移だ」と言語化できたらそれはもう一人の自分が発動しているわけで、自分の職業的マインドを思い起こすことを助けるでしょう（マネジメントモード→〔スキル3-1〕177頁）。

　【工夫例】*3は質問なのに相談者から何か情報を聞き出す目的・機能はなく、プロとして発言する意味はありません。ここで直観的に「あれ？　自分の質問の精度が悪いぞ」と感じたら、まずは、相談者の言うことを「聞け」と自分に命ずるべきでしょう（聞くモード→〔スキル1-5〕（ⅱ）157頁）。【工夫例】ではここで気付いて、「聞く」モードに態勢を立て直し（*4）、「さて、この相談をどのようにマネジメントしようか」と考えるべきでしょう。

　「逆転移」が生じる可能性があることは不可避なわけですから、生じた場合の手順（プロトコル）を自分なりに決めておくことが有益です。何か自分の感情の動きを感じて普通と違う感覚があるとき「これは逆転移なのか？」と、「逆転移」の言葉を内心で発し（もう一人の自分の声）、まずは自分の発言を止めましょう。そして「ちょっと待ってくださいね、ええと～」など考える姿勢を取って自分の

直前の発言を思い出し、その発言は何を目的としていたのかなど考えて、軌道修正する方法などです。ただし、積極的に自己開示(→〔スキル1-4〕(iv)155頁)するのがよいケースもあるでしょう(自分を十分にコントロールできている場合)。

例 5-4-3 答えようのない問いを受けたとき

相談で終わる人だけでなく受任中の人を含め、色々な状況で相談事項に直接関係ない「答えられない」「答えようのない」類いの問いに出会うこともあります。

△ 通常の対応例	○ 工夫例
A：甲野さんは○○について、どう思っていらっしゃるんですか。	(同左)
弁：え。それはまあ、法律的な問題でないのでちょっとおいといて、本題に戻りましょう。	弁：すごい(素晴らしい)質問ですね。Aさんはどう考えていらっしゃるんでしょうか。

色々な状況があるでしょうから、もちろん正解はないところです。ときには、相談者も正解がないことを知りつつ、弁護士の人間的な何かを知りたくて問うこともあるでしょう。その問いが答えられない場合でも、【工夫例】のように問いを返すことによって、「受け止め」が成り立つ場合もあると感じます[28]。

【通常の対応例】のように最初から回避するよりも、少なくとも問いを「受け止め」たことを示す方がベターで、豊かな時間を共有できる可能性が生まれると思います。

例 5-4-4 案件が成功裏に終わったとき

依頼者Aの案件が、幸いにも成功裏に終了しました。

△ 通常の対応例	○ 工夫例
A：ありがとうございます。本当に甲野先生のおかげです。	(同左)
弁：本当によかったですね。	弁：本当によかったですね。Aさんのお

---

28 質問されて「詰まりそうなら問い返せ」は、議論・交渉術の中で主要なスキルの一つです。

A：先生は、医者でいえばブラック
　ジャックのような名医ですね。

弁：いやあ、それほどでもないですよ。
　（まんざらでもない様子）

かげです。

A：先生が上手だからですよ。

弁：いいえ、弁護士は、解決するのを助
　ける触媒のようなものだと思って
　います。解決するのは結局ご本人の
　力なんですよ。[*1]
　　　重要な証拠書類を探していただ
　いたりしましたね。あれで助かりま
　した。[*2]

【通常の対応例】でも問題はないですが、弁護士が褒められて、一方通行で終わっています。

　しかし、事件を解決する力は依頼者自身が持っていて、弁護士はそれを利用させてもらう（にすぎない）という側面があります。弁護士が戦士になるべき事案もあれば、事実を素材にいわば化学反応を仲介する「触媒」のようなものであるべき事案もあり、【工夫例】＊1のような言い方は筆者の率直な述解です。

　また、コミュニケーション一般に、讃えられたら讃えて返すものです。依頼者の役割を何か思い出して具体的に挙げて（＊2）、互いに讃え合って終結できたらいいですね。

　なお、「これで終わりましたね」と言うのでなく、「今後も何かあったら遠慮なく相談してください」と言って終わりにすることが通常でしょう[29]。

29　岡田編「難しい依頼者」172頁、依存性パーソナリティ障害の依頼者の場合、終結時にこのような
　言い方が必要だとしています。

困った場面に応用できる
抽出したスキルの再構成

　第2編では、第1編の具体例から機能的に抽出したスキルやその着眼点を、少しだけ抽象化したレベルで再構成しています。

　本書は具体例にこそ意義がありますが、少し抽象化した用語による記述は、①伝達の効率性、②個別事例を超えた新たな発想を生むツールとなりうるというメリットがあるので、この第2編が行間にあるスキルを自ら発見することの手助けになれば幸いです。

信頼関係構築と
受け止めて聞くスキル

スキル 1-1 再構成したスキルの概観

　第2編では、第1章＝信頼関係構築の基礎となる「受け止め」て「聞く」こと、第2章＝クライアントを動かす・変化を助けること、第3章＝自分や状況をマネジメントすることの3章に大別したうえで、総論的な実践上のポイントとて次の5点を抽出して簡単に述べ、その後に個々のスキルを(ややアトランダムですが)配置していきます。なお、第2編ではクライアントを「CL」と略記することがあります。

　実践上の5つのポイントは次のとおりです。(ⅰ)まずは受け止める、(ⅱ)予めするブレないセッティング、(ⅲ)3つの「聞くモード」が必要、(ⅳ)必要なことはケア、できることは心の外のケア、(ⅴ)法律以外の考慮は自然体でほどほどに。

スキル 1-2 実践上の5つのポイント

(ⅰ) まずは受け止める

　受任する場合は当然ですが、受任しない場合でも、法務面談という形で人と人とが出会っている以上、ケースに応じてその人の何かをまずは受け止めましょう（→〔スキル1-4〕152頁）。例えば、目の前の弁護士に対し怒りをぶつける人には、その怒りの理不尽さや不可解さにとまどったり反発する前に、まずは、この人が怒っているという(主観的)事実を受け止める、そして「この人はなぜ怒っているのだろう」と考えながら対応することが有益です。

(ⅱ) 予めするブレないセッティング

　多くの文献が共通して指摘するとおり[30]、難しい依頼者の場合、予め〈クライ

30　岡田編「難しい依頼者」189頁以下、中村芳彦ら「リーガル・カウンセリング」154頁以下など参照。

アント－専門職関係〉の「構造」を設定（セッティング）し、一定の距離を保つことが重要です。具体的には次のような事柄を設定として説明し了解を得て、それから受任し、そのセッティングをブレずに保つということです。

■**セッティングすべき事項**

①面談の場所（事務所に限定する等）

②面談可能な時間帯、所要時間

③電話対応が可能な時間帯

④メール返信に一定のタイムラグが生じること

⑤弁護士としての委任事項を明確にすること（委任の範囲外のことは助力できないことを含む―ケースにより）

そうすべき主な要因としては、近づきすぎると過度な期待を抱かれ、その期待どおりには応えられなくなると、急に「裏切られ見捨てられた」と感じて攻撃的になることがままあることです。そこで最初から抑制的に淡々と対応する姿勢を保つのがよく、そのことを予め約束事にしておくということです。

ただ、委任を受ける最初からこのような対応が必要だと感じるケースばかりではないでしょう。むしろ、最初の頃はよかれと思って親切に夜間のメール対応などしていたところ、段々と要求がエスカレートしてきて、専門職は対応しきれなくなってペースダウンしたところ、急に怒りだしてギクシャクしてしまうという状況がよくありそうです。これはやむをえないことなので、気付いた時点で可能な限り上記対応を取るほかないと思います（本書は難しい依頼者対応をメインテーマにするものではありませんが、一般的な初期対応について→〔スキル1-3〕152頁、深刻でない状況での初期的な対応として→〔例1-8〕21頁参照）。

(ⅲ) 3つの「聞くモード」が必要

専門職にとっては、客観的事実を把握したうえで問題に対し的確な選択肢を示し、その上でCL（クライアント）の意思決定を助けることが決定的に重要です。この前半の目的のため、面談時間の多くは質問しながら事実を聞いているでしょう。しかし、それだけではCLとして本当は話したいことを話せないままに「じゃあこれでいいですね」と言われ、うなずいて終わってしまう可能性があります。そこで、次のような「聞く」ことに専念するモードも必要になります（本書では「聞くモード」と呼んでおきます）。

> ### 聞くモード
>
> こちらから話さない。「でも」「しかし」と言わない。

　法務面談においては、このような時間帯はほとんどないのではないでしょうか。逆に私たちは、「でも」「しかし」「そうは言っても〜」などと言い、事実認識や見解を正しく導こうとしがちです[31]。しかし、CL（クライアント）が自由に話せるためには、聞き手である専門職が聞くモードになっている必要があります（更に158頁参照）。

　この、まずは否定しないで聞く「聞くモード」を「モード１」と呼ぶなら、通常行っている「客観的事実」を聞く・訊くモードを「モード２」、次に述べる自己マネジメントを要する「モード３」があるといえるでしょう。

　法務面談の場合、ほとんどはモード２の時間帯ですが、まずは否定しないでCLの話を聞くモード１から始めて、一応の信頼関係ができたらモード２に切り替えるとよいでしょう。専門職が通常行っているモード２は過去にあった事実を把握すること、すなわち「過去に向かう」方向が中心になりますが、過去の事実を問うことはときにCLに負担をかけ責めるニュアンスも生じやすい点に注意が必要です（→〔スキル2-3〕（ⅲ）165頁）。

　事実を把握し（CLの「主観的事実」[32]を含む）、法的選択肢を説明した後に、これからどう対処していくか、つまり「将来に向かう」方向でCLの意思決定に関与することになりますが、その際のCLとの関わり方としては、モード１で、CLの感情や「主観的事実」を聞いて受け止めたうえで、その変化を促す関わりが必要とされることが多いと感じます。そのほかにも、会話の流れが詰まったらモード１に戻す意識で臨むとよいでしょう。

　モード２自体は特に説明を要しないので、モード１についてはもう少し詳しく→〔スキル1-5〕157頁で、モード３については〔スキル3-1〕177頁で説明します。

31　このあたり、東山紘久「プロカウンセラーの聞く技術」10頁以下を参照しました。
32　面談をしている今ここで、①CLが「そう思っている」事実、②CLがそう思っている「事実」、この二つを意味します（〔例4-2-2〕106頁、〔例4-2-4〕110頁、〔例4-2-8〕118頁参照）。

	モード1 【聞く】	モード2 【通常】	モード3 【マネジメント】
基本目的	基本的信頼関係	事実を把握する	事態を安全に乗り切る
基本動作	CL（クライアント）の話を聞く	CLに訊く	自分と環境とCLを観る
具体的 留意点	・相づちを打つ ・話さないでひたすら聞く ・評価や意見を言わない、質問しない、否定しない、「でも」と言わない		・感情を持っている自分を俯瞰する（怒り、恐怖、慌てる等） ・環境の中でCLを観る

（ⅳ）必要なことはケア、できることは心の外のケア

　CL（クライアント）の抱える問題は通常、心・感情に関わっているわけですが、心の専門家でない者としては、心に関係することについては、経験的対応からあまり離れない方が無難だと思います[33]。CLは法的問題だけでなくケアを必要とする問題を抱えていることが多いわけですが、その場合でも、心と触れ合う・心と向き合うのではなく、ケアをすること（ケアについて→〔スキル2-5〕COLUMN 172頁）、ケアの中でも心の外にある環境を支援することを第一に考えるのがよいでしょう（→〔例2-8〕55頁も参照）。

（ⅴ）専門でないことは、自然体でほどほどに

　専門的な知識や経験がないことについては、善意から相手のためによかれと思ってすることでも、有害な関わりをしてしまう（そしてそのことに気付かない）ことがあります。例えば、言うべきでないときに慰めの言葉をかけるとか、CLの間違っている（と思われる）考え方を、そうすべきでないときに修正しようとすること、などです。また、将来の経済・金利・株価の見通しなど専門外の事柄について、例えば「売って現金に変えた方がいいんじゃないですか」「今損切りしないとダメでしょう」などと「判断」を伝えてしまうことも問題です。

　カウンセリング等の分野では様々な「技法」が紹介されていますが、法律実務家としての経験に照らして自分でも使えると納得できたものを、自然体でほどほどに、少しずつ試してみるとよいと思います（この点「はしがき」も参照してください）。

33　熊倉伸宏「面接法　追補版」94頁に「人の心に素手で触れれば火傷する」という言葉が紹介されています。

スキル 1-3 ▶ クライアントへの初期対応

　面談は「構造化」するといわれますが、要は面談の基本ルール（条件）を設定することと考えればよいでしょう（〔スキル1-2〕（ⅱ）148頁）。その他、初期対応に関係することを述べます。

①最初に出会う際の配慮（〔例1-1〕14頁）。初めての相談者は「来談時不安」を持っていることに配慮した対応（〔例1-2〕15頁など）。

②基本ルールの確認として、時間、方法、ケースによっては契約内容などのセッティング→（〔例1-8〕21頁など）[34]。

③導入としてのアイスブレーク的会話（→〔スキル1-6〕160頁、紹介者の近況など）。

④本題。CL（クライアント）から話せるときは、まずは「聞くモード」で聞くことが基本的信頼関係を醸成し、CLから切り出しにくいときは、専門職から質問を切り出す→〔例1-3〕（16頁）、〔例1-4〕（17頁）など。

⑤面談は当然ながら双方向のものであり、CLの側は専門職を観察し、どこまで話してよいか、頼ってよいかなど、感じ考えながら面談しています。CLによる観察の結果、不合格であるときは、通常もう来ないことから専門職の側は失敗したことに気付きにくいのでしょう。一方、不合格ではないが十分な信頼に至っていない場合は、全てを話さないで委任することになり、そのときは受任後にギクシャクすることが生じやすいでしょう（専門職側に問題のあるケースではないですが、〔例2-14〕67頁、〔例2-15〕69頁など）。相互の信頼関係を醸成できることが理想です（→次項〔スキル1-4〕）。

スキル 1-4 ▶ 受け止める・共感する

（ⅰ）　「受け止め」とその対象

　「受容、共感、肯定、承認」など色々なニュアンスの語があるようですが[35]、本書では専門用語を避けて広い意味で「受け止め」ると表現したことが多いで

---

[34]　熊倉伸宏「面接法　追補版」67頁は次のように述べています。「面接者だからといって、来談者のわがままを、日常的範囲以上に我慢する必要はない……面接者が耐えなければならないのは、来談者のわがままではなくて苦痛を共有する重さである。」

[35]　カウンセリング理論中には、「受容」と「肯定」等を区別し、「賞賛、肯定、賛同、同感、評価」等を行うと、CLは自由に話せなくなるので受容にとどまらなければならない、という考えもあり（岩壁編「臨床心理学増刊7号　カウンセリングテクニック入門」36頁〔諸富祥彦〕）、興味深いと思います。しかし、私たち心理については素人の行う法務面談の場面では、共感、同感できることならそうした方がよく、長所を見つけて褒める方がよい状況が多いのではないかと思います。

す。それがラポール[36]（信頼関係）形成の第一歩になる、などといわれます。

実践的には、CL（クライアント）の話を否定しないで、まずは聞いて「そうなんですね」と相づちを打つことです（「聞くモード」→〔スキル1-2〕（iii）149頁、相づち→〔例1-1〕COLUMN 15頁。受け止める対象はCLが言葉にしたことだけでなく、感情や行動も含み（〔例5-2-5〕135頁）、CLの状態を「言語化」して「伝え返す」ことも有益です（〔例1-2〕15頁）。

またCLが来所してくれたことを「ねぎらう」こと（〔例1-1〕14頁）や、CLが自分で対処してきたこと自体を「承認」することもあります（〔例5-2-4〕134頁）。

受け止めには、CLだけでなく、面談場所にいないCLに影響を与えうる「ここにいない他者」[37]の存在を認めることも含まれ、その他者の存在を認めることが、CLにとってより良く受け止められたと感じられることもあります（CLの親の安否を聞くなど→〔例1-15〕33頁）。

ＣＬの感情について、それが怒りなど共感できないものであっても、受け止めて、その状態を言語化して「伝え返す」ことにより、少し状態が良くなる可能性があります（〔例2-13〕64頁など。なお言語化については→〔スキル1-5〕（iii）159頁も参照）。非現実的な内容についても（電波系であっても）、受け止める段階でしたら「〜だったらそれはとっても苦しいでしょう」など「〜だったら」と加えることにより「主観的事実」（〔スキル1-2〕（iii）注32 150頁）を受け止めることは可能でしょう。

「怒り」は不安から生じることが多いので（怒っている人は困っている人）[38]、怒りに影響されるのでなくその原因である不安を受け止めることを意識するとよいでしょう（〔例2-10〕59頁など）。ときに、最初から弁護士に対する攻撃的な言辞をぶつけてくるCLもいますが（例えば「弁護士は人の苦しみをネタに儲けてるんでしょ」）、弁護士に対する悪感情を持つ何らかの事情がある一方で、やはり困って来ているはずですから、まずはその感情ないし「主観的事実」を否定したり議論したりしないで、最小の受け止めとして、例えば「そうかもしれませんね」と受け流すのがよいでしょう[39]。

---

36 仏語のrapportで英語のreport、connectionに相当し「関係」の意味。

37 熊倉伸宏「面接法　追補版」68頁で「不在の他者」の重要性を書いており、面談では「いない人との関係を話し合う」視点（同69頁）も役立つかもしれません。

38 土井・大久保編著「イライラ多めの」107頁参照

39 筆者の場合、（少し理詰めのやりとりが適すると思われる場合）「そうなんですよ。静脈産業と言われています」とか「医者の仕事と似ている面があると言われますね」などと言うこともありました。

　ときには、ただ「とにかく聞く」ことにより受け止めるしかないような状況もあるでしょう（→(vii)156頁）。

　調停委員や裁判官に対しても、状況に応じて、感謝を示したり、意識的に「共感」を示すと和解調停がスムーズにいくことを助けるでしょう。調停委員をCL（クライアント）と思って受容して説得を試みることもありえます（〔例2-16〕71頁）。

　相手方（及び相手弁護士）に対しても（依頼者の認識を考慮しなければなりませんが）、一定の状況では、「紛争解決に向けて努力していただいて感謝している」などと言うことがよい場合もあるでしょう。

ⓒⓞⓛⓤⓜⓝ　自分と相手弁護士との「相互作用」

　若手弁護士からの相談でよく聞くセリフがあります。「相手の弁護士が異常に攻撃的で」。たしかに問題の人もいるでしょう。ただ、一定の割合で、自分の関わり方との相互作用の可能性がありはしないでしょうか。ファーストコンタクトの通知書により相手弁護士が警戒心や敵愾心を抱いたということはないでしょうか。相手弁護士もあなたを怖がっているからこそ、一層攻撃的になっているのかもしれません。

　特効薬はないものの、普段からの対応策があります。それは、「潜在的な敵を消し、味方を増やしておく」。そのために一度でも法廷の外(例えば弁護士会の委員会)でインフォーマルに話す機会を持っておくことが大切です。人は一度でも話したことがあれば、必要以上に厳しいことはできにくいものです。相互に根拠のない「恐怖」を感じることのないような下地作りが、自分と依頼者のため、ひいては社会のためになる、そのように筆者は思います(もちろん馴れ合いになるおそれは厳格に排除する必要があることはいうまでもありません)。

(ⅱ) 共感の方法

　CLの今までの努力を「肯定」し、特に「讃える」などする（〔例4-1-2〕90頁、〔例4-2-10〕123頁）、「感謝」や「お礼」も大切です（→(ⅴ)156頁）。特に見当たらない場合でも、ここ＝弁護士との面談＝に至るまでの（物理的、心理的な）苦労や努力に「感謝」することもできます（〔例1-1〕14頁参照）。そもそも、CLの長所に気付く努力を不断に行うべきです[40]。

40　熊倉伸宏「面接法　追補版」37頁に、面談を人と人との対等な出合いととらえるならば、面談者は相手の長所に気付く努力をしなければならない、など述べられています。

　共感を言葉で示す際、「私だって〜ですよ」（〔例2-13〕65頁、但しすぐ下も参照）、良いことなら「素晴らしいですね」「素敵ですね」（〔例5-4-3〕145頁）、辛いことなら「それは大変だったでしょう」というような表現が適していることが多いでしょう。

　一方、共感の表示に対し、わざとらしい、ミエミエだなどと反発を受けることもありそうですから、自然体であることが肝要でしょう（→〔スキル1-5〕（ⅲ）159頁）。

　全て感情は個々人の独自のものなので、「私も経験があるから分かります」「あなたのような状況に置かれたら誰でもそう思いますよ」「分かる、分かる」[41]という表現は適当でない場合も少なくないと思います。

（ⅲ）共感できないとき

　共感を示すことができる関係が望ましいわけですが、CL（クライアント）の思考・行動等に対し、共感できない場合も当然あります。そのような場合でも、次のような方法があります[42]。

　①受け止めることができる「部分だけを」受け止める。

　②共感できることができる「部分だけを」共感する。

　例えば、「そうだったら怒りますよね」（真実性について疑いを持つ場合など）、「Aさんにとっては辛いことでしょう」のように目の前のCLが感情を抱いた「主観的事実」に限って共感する言い方があります。

　③共感・肯定できる部分を「探し出してでも」共感・肯定する。

　④共感・肯定できる部分を「ねつ造・すり替えをしてでも」共感・肯定する。

　ねつ造・すり替えとは、例えば「○○してやりたい」と言われたときの○○に同意できない場合に「○○したいくらい△△の気持ちなんですね」と言って、△△の感情にすり替えて受け止めるようなことです[43]。例えば、〔例2-17〕［殴ってやりたい〕（72頁）、〔例2-18〕［死にたい〕（74頁）などです。

　まずい状況になったときでも、その原因となるCLの行動を責めるのでなく、「状況を共有」しようとすることが有益です（〔例2-14〕69頁）。

（ⅳ）立ち位置

　受け止めがうまくいくかは、専門職がどういう立ち位置にあると見えるか、に

41　一般的に、簡単に分かると言わない方がよいと言われます。また例えば、山口祐二「子どもの気持ちを聴くスキル」40頁が「子どもが相手だと油断して使ってしまうことがある」というように、対等の関係という意識が軽くなっているときに使いやすい表現なのかもしれません。

42　この箇所は土井・大久保編著「イライラ多めの」84頁〜を参照しました。

43　土井・大久保編著「イライラ多めの」86、92頁を参照しました。

影響を受けそうです。例えば、〔例3-1-1〕(77頁)、〔例4-1-7〕(101頁)のように依頼者／弁護士・裁判所という構図になると依頼者は「孤立感」を深めるでしょうから、依頼者・弁護士／裁判所という立ち位置で寄り添う形(になっているとCL（クライアント）が認識できること)が肝要でしょう(〔例2-7〕54頁の解説も参照)。

　また、専門職自身の感情やプライベートな経験を隠さない「自己開示」が適する場合もあるでしょう(〔例2-17〕72頁、〔例3-2-3〕86頁、〔例4-1-1〕88頁参照)。

(ⅴ) 讃える・礼を言う

　「讃え」られて気分を害することは通常はありません(例：〔例4-1-2〕90頁)[44]。そして、「お礼」を言われること、「感謝」されることも同様です(例：〔例4-1-6〕〔弁護士への指摘・指示に〕99頁、〔例4-2-1〕〔話してくれたことに〕104頁、〔例5-4-4〕〔証拠の提出に〕145頁)。また、遮る場合にその補償としてお礼を述べる例もあります(〔例1-16〕35頁)。讃える際は、「わたしメッセージ」で「私はAさんの○○を素晴らしいと感じてるんです」などと言う方がよいでしょう。

(ⅵ) 引き受け

　CLは「受け止め」られると少し安心でき、さらに「引き受け」があればより安心できます。弁護士は結果の保証はできませんが(職務基本規程29条→〔例2-3〕47頁、〔例2-4〕49頁、〔例4-2-7〕116頁)、結果でなく事案対応を「お任せください」「全力を尽くします」「できる限りのことをやります」など、ケースと弁護士の姿勢により言い方は変わってくるところでしょう(〔スキル2-1〕(ⅳ)162頁も参照)。

(ⅶ)「ただ聞く」しかない場合

　CLの想像を絶する苦しみや悲しみを思って、言葉を失うときには、スキルや対処法といったものはなく、まず「とにかく聞く」しかありません。むしろ(安易には)「分かろうとしない」ことも必要で[45]、「心と向き合う」のでなく(→〔スキル2-5〕171頁)、CLの心の外にある事柄について役に立てることを探す(→〔例2-8〕55頁)のがよいでしょう。

(ⅷ) 弁護士の個人情報を聞かれた場合

　CLの方から「先生の出身高校は？」「お住まいはどちら？」など弁護士のプ

---

44 「褒める」と「讃える」とは、ほぼ同じ意味で使われていると思われますが、「褒める」には、そこに上から評価するニュアンスが入るとマイナスに感じられるおそれもあります。
45 帚木蓬生「ネガティブ・ケイパビリティ」9頁以下参照

ライベート情報を聞かれることも多々あり、「個人的なことはちょっと」「まあ今は案件に集中しましょう」などと受け流すこともあれば、「海が好きだから湘南方面ですよ」などとぼかして答えること、逆に積極的に趣味などの話題に持っていき交遊を広げることもあり、それは様々でしょう。筆者は「友人知人・親戚の案件は受任しない」ポリシーを実践しており、「顧客と友人になることは顧客を減らすこと」を意味すると考えています[46]。そこで、聞かれたら逆に「(笑って)どこだと思います?」と問い返し、どんな答えであっても「いいセンですねえ」などとそらす(個人的な話はしない姿勢を暗に示す)対応が多かったと思います(「いいセン」→〔例1-9〕22頁でも使っています)[47]。

スキル 1-5 聞く

(ⅰ) 弁護士にとっての「聞く」

「聞く」「聴く」など、次のような言葉(漢字)のニュアンスで使い分けられることがありますが、このうち「傾聴」については特殊な意味合いで使用されることもあるので、本書ではよく聴くことも含めて基本的に「聞く」(多義的にはなりますが)と記載しています。

聞く・見る

普通に聞く(hear 自然に聞こえる)／よく聴く(listen 傾聴)／鋭く訊く(ask 問いで情報を収集する)

普通に見る(自然に見える)／よく観る(全体的)／鋭く視る・診る(分析する)

(ⅱ) 状況に応じて「聞くモード」に切り替え

心構えや基本姿勢として、CL(クライアント)を尊重し傾聴すべきことはいうまでもありませんが、どのように聞くとよいのか具体的な聞き方について、心の専門家ではない専門職としては、〔スキル1-2〕(ⅲ)(149頁)で触れたように、タイミングに応じて意識的に「聞くモード」に切り替えることが実践的だと思います。

---

46 「クロスレファレンス民事実務講義」§17参照
47 東畑開人「居るのはつらいよ」47頁には、カウンセラーの必殺技として、個人情報を聞かれたら質問で返す、と書いています。

　「聞くモード」は、基本的信頼関係を醸成する目的で、実践的には「自分は話さないで、ただただ聞く」ものです[48]。具体的には、相づちを打ち、専門職からは話さない、評価や意見を言わない、聞き出そうとせず質問しない。否定しない、「でも」「しかし」「だけど」「お気持ちは分かりますが」「そうは言っても」などと言わない（〔例2-12〕61頁参照）[49]。意見を言いたくなったらそれを後にする（〔例4-2-4〕110頁など）。このモードでCL（クライアント）を「受け止め」る（→〔スキル1-4〕152頁）わけです。

　もちろん、〔スキル1-2〕（iii）（149頁）で触れたように、専門職はCLから事実を聞き取ることが仕事の重要な要素ですから、聞くモードは時間的には大きな割合を占めないはずです。しかし、相談の冒頭の部分[50]、CLの感情を特に受け止める必要がある場合、CLの意思決定の場面、また関係がギクシャクしたときなどには切り替えが重要になります。次の例は、例えば面会交流調停で試行条件を交渉しているとき、客観的には（裁判所や相手との関係で）「C」の条件を受け入れる必要があるが、CLが色々な条件について（頭では理解しているが）否定的な感情を表した場合です。

△ 通常の対応例	○ 工夫例
弁：おっしゃることはよく分かりますが、ただ相手との関係もあるので、「C」はやらなければならないと思います。	弁：おっしゃることは分かりました……。では、相手との関係もあるので、「D」はやらない、「C」はやる、ということでどうでしょうか。

48　東山紘久「プロカウンセラーの聞く技術」147頁〜「LISTENせよ、ASKするな」の項目で、質問ばかりすると望んでいる情報のみを集めることになり聞き手のバイアスが入る、として、報道関係者のインタビューを例に挙げています。また大抵の大人は子どもをインタビューすることは難しい、それは子どもとの対等感を持っていないから「名前は？」「いくつ？」など失礼な態度を示すがゆえであり、自分から「ぼく、ひろちゃんと言います」など先に名乗るのだ、という指摘は興味深いものがあります。「司法面接」の分野に接近する問題ですね。

49　東山紘久「プロカウンセラーのコミュニケーション術」34・35頁では「あなたのご意見はごもっともだと思いますが」は、一見相手の考えを尊重しているようで、実は自分の主張のみを伝えており、きつく言うなら嘘を言っている、それは相手の言うことの内容に反応して自分の意見を言っているのだと指摘しています。プロカウンセラーは聞くときも話すときも逆接の接続詞を使わない、と述べています。

50　中村芳彦ら「リーガル・カウンセリング」58頁にある、「ふわーっ」とした感じで聞くべきタイミングです。フロイトの言葉を一部借用すると、CLの全方位に「同等に、漂うような注意」を向けることでしょうか。先入観なく、表情や仕草などを含めてCLの話を聞く状態かと思います。

　頭では理解しているが感情的についていけないという場合、短い時間でもその感情を聞くモードに切り替えて（受け止めて）、その後に通常の打ち合わせに戻るとよいと思います。この【通常の対応例】は「〜が」「ただ」と逆接を伴って、聞くモードなしで説得しようとしています。【工夫例】は逆接語を入れないで一呼吸入れ、かつ、説得の前に提案してみるという形です（この提案は「コップの半分の水」の話と似ています）。

(iii)「傾聴」の技法

　よく聴くために、①相づち、②促し（例：「それから何がありましたか」）、そして積極的傾聴技法（active listening）として、③「繰り返し・オウム返し・伝え返し・感情の反映・明確化・要約・支持・リフレクション」など色々に表現されるスキルがあるようです[51]。なお、③のときは通常、余計な言い換えをしないでポイントとなる言葉を繰り返すことがよいようです[52]。

　これらactive listeningのスキル全般は、わざとらしいと感じられたらかえって反発されるでしょうし[53]、また例えば、感情を言語化して伝え返すことは共通理解を作っていく作業として有益でしょうが（その際、専門職のCL（クライアント）理解が試されることになります）、法務面談では時間との兼ね合いもあります。通常は、会話の流れが淀んだときに「迷ってらっしゃるのですか」のように、否定的意味を含まない言葉にする程度でしょう。心理の専門家でない者としては、自然にできる範囲の「相づち」を行うことを基本にするのがよいのではないでしょうか（〔例2-8〕55頁など）。

(iv) よく「聞く」ためによく「問う」

　CLが自発的には話さない／話せない「核心」を聞くためには専門職から質問をしますが、よく聞くためには「問い」（〔スキル2-3〕164頁）も重要であると感じます[54]。結局、法務専門職としては、「聞く」ことと「問う」ことのコンビネーションが重要なのだと思います。

51　例えば榎本修「ローヤリングの考え方」27〜29頁、78頁以下、中村芳彦ら「リーガル・カウンセリング」58頁以下、菅原・下山「実践法律相談　面接技法のエッセンス」34、112頁など参照。

52　山口祐二「子どもの気持ちを聴くスキル」42頁参照

53　例：「オウム返し」について、鈴木仁志「脳科学から見た紛争解決」NIBEN Frontier2022年5月号参照

54　熊倉伸宏「面接法 追補版」59頁には、「これだけの成功を収めながら少しも嬉しそうでないのは、何故？」という問いが有効だった例を示しています。同書60頁には「よく聞いてくれる」という実感を来談者が持つときには、「些細な問いが縦横にめぐらされた会話が成立している」とあります。

スキル 1-6 ▶ 聞く「作業」

　解決のために必要な情報は第一次的にはCL（クライアント）が持っているので、聞く・訊く（→〔スキル1-5〕157頁）必要がありますが、CLの不安に配慮して、話しやすい状況を設定し（〔例1-2〕15頁など）、またCLに不利な、あるいはマイナス感情を生む事実も訊く必要があるので、確認のために質問することについて一定の予測可能性を持ってもらうとよいでしょう（〔例2-11〕60頁）。

　専門職は具体的事実を必要としますが、「具体的に話せ」と言われても、それが難しいCLも多いと思います。そこで、次のような工夫があります。

△ 通常の対応例	○ 工夫例
弁：（その点を）具体的に話していただけますか。	弁：例えば、どんなことがあったか聞かせていただけますか。

　具体的に話してほしい場合（Aさせたければ→〔例1-2〕16頁）、【工夫例】のように「例えば」（→〔スキル2-4〕(iii)167頁）、名詞で（どんな「こと」→〔例1-3〕16頁）、これらスキルを意識すると、CLはより話しやすいでしょう。

　一方、CLが一方的に話し続けようとする場合、「遮る」「止める」やり方（介入、中断）として、そこは「大事なところ（ポイント）」（〔例1-16〕36頁）だから、「聞き漏らしのないよう確認させて」ほしいなどと言って、介入に意味を持たせるとよいでしょう。

　CLの「背景事情」（バックグラウンド）をさりげなく（また、アイスブレークを兼ねて効率的に）聞くため、例えば〔例1-1〕（14頁）のように「暑いのに大変だったでしょう、どうやって来られましたか」と聞けば、一人で行動できるか、交通手段の選択、住まいの周辺情報などを把握しやすいでしょう。CLの家族等の「安否確認」や要介護の状況（〔例1-15〕33頁参照）などを聞く際にも役立ちます。また、紹介者の近況やこの法律事務所に行き着いた経路なども話のきっかけになります。〔例2-1〕（44頁）では弁護士相談の経験の有無を聞くことが会話のきっかけになっています。

　ストレートに聞きにくい／聞くべきでない事柄には注意しましょう（例えば「学歴」などの聞き方として→〔例1-19〕42頁）。同様のことは「結婚していらっしゃいますか」「お子さんはいらっしゃいますか」などにも当てはまるでしょう。

第 2 章

クライアントを動かすスキル

スキル 2-1 ▶ 不安に対応する(力付ける)

(i) 来談時不安

　相談者は通常「来談時不安」(来所時不安)の中にありますから(私たちが不安を抱えて病院に行くのと同様)、最初の対応→〔例1-1〕14頁、伝え返しや声かけに配慮するとよいでしょう(〔例1-2〕15頁など)。専門職がCL(クライアント)の状態を「受け止め」(→〔スキル1-4〕152頁)、関心を持っていることを示すこと(まずは〔例1-1〕14頁のようにCLの名前を呼ぶとよい)で、少しは安心が生まれるでしょう。

(ii) 不安に対応するスキル

　①「誰でもそう」、つまりあなたが特殊ではないという「ノーマライズ」はよく使われます(〔例1-2〕15頁、〔例1-17〕37頁、〔例2-2〕45頁など)。

　②CLを受け止めること(→〔スキル1-4〕152頁)がすなわち不安を軽減するので、体調をケアしたり(〔例3-2-1〕83頁)、CLの不安を「言語化」して受け止めることも有益で「迷っておられるのですね」などの発語が考えられます(〔例1-2〕15頁参照)。

　③不安(心配)の対象を言語化して「外部化」する方法もあります(→〔スキル2-5〕171頁。〔例4-2-6〕114頁など)。

　④不安の対象を「リフレーミング」(→〔スキル2-6〕(ii)174頁)できたらよいでしょう(〔例4-1-7〕101頁など)。

　⑤依頼者が不安やイヤなことに「直面」する前に先回りして「クッション」を置いて予測可能性を高めておく(〔例1-17〕37頁、〔例2-11〕60頁、〔例2-13〕64頁、〔例5-2-3〕131頁)などの工夫があります。また、不安を生じる原因を「問う」ことや(〔例2-3〕47頁)、不安の原因となる誤解を解こうとするケースもあります(〔例2-10〕59頁)。

　⑥いつまでも事件が終わらないという不安を感じている場合、例えば「始まりがあるのだから終わりもある」という精神科医の言葉があります[55]。

（iii）力付ける

　〔例4-2-3〕（108頁）のように「しっかりしてください」と言うだけでしっかりするはずはなく（AさせたいならBと言え→〔例1-2〕16頁）、なぐさめや励ましがマイナスに働く場合もありえます（〔例2-8〕55頁）。工夫例として、〔例4-2-3〕（108頁）は「例外探し」（→〔スキル2-6〕（iii）175頁）です。また、既に自己肯定感の高いCL（クライアント）に対し、話者（弁護士）の注目を示して一層力付けること（〔例3-2-3〕86頁）もあります。

（iv）力付けと結果保証の禁止

　心理の問題の場合には大丈夫ですよと「保証」することが肝要のようです[56]。この点、弁護士特有の問題として、有利な結果の保証はできませんが（→〔スキル1-4〕（vi）156頁）、訴訟のことに特定しないで「きっと大丈夫です。一緒に頑張りましょう」などと力付けの言葉をかけてよい場合があるでしょう（「受け止める」〔スキル1-4〕152頁の一環として）。

> ### ⒸⓄⓁⓊⓂⓃ　人生最大の危機
>
> 　筆者自身がプライベートな問題で深刻な問題に遭遇したとき、先輩の甲野弁護士に相談しました。
>
> 甲野：そうか、今はあなたにとって「人生最大の危機」にあるのかもしれないね。
>
> 　こう言われて少し安心できました。受け止めてもらっただけでなく、問題が言語化され、今「最大」ということは、これ以上は悪くならないのだろうという希望が得られました。そしてその問題解消後も、あの危機だって乗り越えられたという自信になりました。今思うに「人生最大の」は「リフレーミング」（→〔スキル2-6〕（ii）174頁）の一種だったと感じます。
>
> 　今は筆者から難問に遭遇した若手弁護士に次のように言うことがあります。
>
> 京野：今、あなたの弁護士人生にとって一度あるかないかという重大な局面にある、と感じます。でもいつかは終わる。今は息もできなくなっているようですね。歩いて、息をして、ご飯を食べて、夜横になっていれば何とかなっていきますよ。

55　中井久夫「こんなとき私はどうしてきたか」50頁
56　中井久夫「こんなとき私はどうしてきたか」17頁以下に「ほんとうは大丈夫なんだよ」と繰り返し保証する、とあります。

スキル **2-2** 提案・納得してもらう

（ⅰ）納得のプロセス

　提案して「納得」してもらうとは、ためらうCL（クライアント）の何かが「変わる」ことでしょう（→〔スキル2-6〕173頁）。変わることがCLに受け入れられるためには「この人の言うことだから」という信頼関係が前提になるので、まずは依頼者を説得しようとしないで（〔例4-1-7〕101頁）、「受け止め」のプロセスを踏むことにする方が建設的な場合が多いでしょう（〔例4-1-8〕102頁）。それまでのCLの苦労をねぎらうこと（〔例3-1-1〕77頁）、人柄を讃えること（〔例3-1-2〕79頁）も受け止めの一環になります。また、立ち位置が依頼者／弁護士・裁判所という構図にならないように注意します（〔例3-1-1〕77頁、〔例4-1-7〕101頁）。「聞くモード」に一瞬切り替える〔スキル1-5〕(ⅱ)（157頁）も参照してください。

（ⅱ）「納得」してもらうスキル

　納得してもらうスキルの要素としては「視点が変わる」（→〔スキル2-6〕(ⅰ)173頁）ことが重要で、具体的には「リフレーミング」が一般的に有効でしょう（→〔スキル2-6〕(ⅱ)174頁）。「説明の前に問う」（→〔例4-2-9〕120頁）ことも有益です。

　着眼点として、「善し悪し」についての主観を変えるのでなく「利害（損得、功利）」計算をしてもらうように誘導すること（〔例2-13〕64頁、〔例3-1-1〕77頁、〔例4-1-2〕90頁、〔例4-2-5〕112頁）、また、誤っている考えを「正す」のではなく、やはり利害の点で納得してもらうことが有益です（〔例3-2-2〕84頁）。

　話し方の工夫として「一緒に一つ一つ整理していきましょう」などが考えられます（例：〔例2-4〕49頁、〔例4-2-6〕114頁。また165頁も参照）。逆説や「ユーモア」（→〔スキル2-4〕(ⅵ)168頁）を含んだ話し方も工夫ができるとよいでしょう（あまりうまくはないですが、〔例2-1〕44頁や〔例4-2-6〕114頁）。

（ⅲ）提案・「促し」のやり方

　選択肢を提案する〔例2-6〕(51頁)の例があります。また、心配に対応する（〔例2-2〕45頁）、介入の前にお礼を述べる（〔例1-16〕35頁）、言葉での報酬を示す（〔例4-2-9〕120頁）などの対応により受け入れやすくなります。CL自身が意思決定に熟していない状況では、「勇気を出してやっていきましょう」でなく、「という方向もあると思いますが」と婉曲な言い方にとどめて、本人から意思決定できるように「待つ」ことも必要でしょう（〔例3-1-3〕81頁）。

　可能性が低いことでも「ダメもと」で探しましょうなどと明るく言い続けるこ

とも時には重要なことと思います（〔例3-2-4〕86頁）。

（iv）うまくいかない場合

　言葉の意味を「すり替え」ても納得してもらおうとする例（〔例4-1-2〕90頁）がありますが、難しい問題について「共視」の姿勢を取ってみたり（→〔スキル2-5〕COLUMN 171頁）、うまくいかない場合は、今の問題を先送りしたり（〔例4-1-8〕102頁）、問題を持ち帰ってもらうことも一つの方法です（〔例2-12〕61頁）。明確な姿勢を示すべき局面では「私は弁護士として、○○のポリシーを持っているんです」（〔例1-12〕27頁、〔例5-2-2〕131頁）などと言うこともあります。

スキル 2-3 ▶「問う」

（i）質問の意義

　問いは、情報を得る機能だけでなく、相手に関心を持っていることの表現として機能し、一面で「問う」という形式そのものが相手に考えることを強制する働きを持ちます。専門職が答える、あるいは提案する展開になる前に問うこと（〔例2-3〕47頁、〔例4-2-4〕110頁、〔例4-2-7〕116頁）、また「説明する」前に問うこと（〔例4-2-9〕120頁）、答えにくいときに問い返すこと（〔例5-4-3〕145頁）も有益です。

　問いは大袈裟に言えば相手に衝撃を与えるものでもあり、「そもそもなぜ？」のように、核心を問う「問い」は、諸刃の剣ですが、より深い対話を生む可能性があります。

（ii）質問の種類

　オープンな質問は、はい・いいえで答えられない、「どのような相談でいらっしゃいましたか」「もう少し詳しく聞かせていただけますか」など、質問者にとって未知の情報を引き出すものです。ドアノブ・クエスチョン（〔スキル3-2〕（ii）179頁）で「ほかに何か気になることがありますか」などと言うことはオープンで自由な応答を促すものです。

　なお、「それでどうしたいですか？」など、これからの選択肢についてオープンな問いをすることは必要な問いである反面、（特に相談の初期の段階で）方向性なく問う場合には、（相手方や事態に対する不満が噴出して）実現困難な強硬策が出ることがあります。選択肢の方向性を説明しつつ徐々に問うのがよいケースもあるでしょう。

　クローズドな質問は、必要な情報を聞き取る際には不可欠ですが（〔例1-16〕

35頁)、専門職の予断に基づくものですからCL（クライアント）だけが知る情報を聞き逃すおそれがあり（CLからすると、問われなかった場合は話す機会を失う）、また尋問調に感じられることもあります。

（iii）理由を問うスキル

原因・理由をストレートに問う「なぜ〜したのですか・しなかったのですか」は非難のニュアンスを帯びるので、次のような対応法があります。

①why「なぜ〜した」でなくwhat「〜した事情は何ですか」と聞く

「なぜ」（副詞）でなく「そうなった事情」（名詞）を問うことは、（1）焦点をCLが「した」ことから外部のモノへ、（2）対象を名詞化して想起しやすくして、（3）「そうせざるをえない事情があったのではないですか」という言い方（→後記実務で使えるこのフレーズ）につながります。

②ノーマライズ（→〔スキル2-1〕（ii）161頁）

「誰でもそういうことはあると思いますが、Aさんの場合〜」のように「聞き方」をオブラートで包む方法があります。

③時制を変える

過去の「したこと」をトピックとしないで（ただし次の（iv）も参照）、それは前提としておいて、すぐ「未来」のことを会話します。次の例のように「これから〜を一緒に考えましょう」という発語がよく使われます（〔例2-12〕61頁、〔例2-15〕69頁、〔例4-2-1〕104頁参照）。

△ 通常の対応例	○ 工夫例
弁：どうしてそんなことをしたのですか？	弁：そうなんですね、では、そのことを前提に、これから取れる方法を一緒に考えていきましょう。

なぜそうしたのかは、その理由を聞くことがこれからの対処に必要かどうかをまず考えて、必要と判断された段階になってから、前記①や②の聞き方で聞けばよいでしょう。「なぜ質問」は後に回した方がよいことがあるのです[57]。

依頼者に不利な事実を確認する状況（〔例2-12〕61頁など）での言い方をまとめてみます。

57 「クロスレファレンス民事実務講義」§24　事情聴取の際の注意事項参照。

> ＿＿＿＿　実務で使えるこのフレーズ
>
> 　依頼者の過去の行動で、少し聞きづらいことを聞く場合の言い方です。
> （ア）「どういうことなんでしょうか」「なぜそうしたんでしょうか」
> 　　　　←疑問を提示しており、ややきつい言い方。
> （イ）「経緯を確認させていただきます」
> 　　　　←（ア）よりは柔らかいものの、まだ尋問調に感じられるかもしれ
> 　　　　　ません。
> （ウ）「そうなったのにはそれなりの理由があったからではないですか」
> 　　　　←「助け船」を出しています[58]。「そうなったご事情を教えていた
> 　　　　　だけますか」よりも少し優しい言い方です。

（iv）積極的に問う

　一方、CL（クライアント）が過去にしてきたことを積極的に問う「コーピング・クエスチョン」もあります。「よくこんな状況でやってこられましたね。どうやって乗り切ってこられたのですか」などと言うことはCL自身の解決能力を引き出せる可能性があり、〔例2-9〕(56頁)のように法的な対応が困難な場合に使えるかもしれません。

（v）問いでCLに主導権を渡す

　CLに主導権を渡すために「どこから始めましょうか」（〔例1-19〕42頁）、またCLに選択権があることを示す問い（〔例2-8〕55頁）もあります。

（vi）「焦点化」する問い

　「いま一番困っていること」「一番重視するポイント」「一緒にいて一番辛かったこと」など「一番」を用い、あるいは「最悪の場合」を用いるなどして焦点化することも有益です。

スキル 2-4　言い方

（ⅰ）「言語化」

　言葉になっていない事柄を「言語化」しようとする場面がたくさんあります。依頼者の緊張や興奮している状態を（〔例1-2〕15頁、〔例2-13〕64頁）、心情を、努力

58　この発問は土井・大久保編著「イライラ多めの」88頁を参照。

を、真の狙いを、また「リフレーミング」のために感情の意味を（〔例4-2-2〕106頁）、言語化することによって会話を誘導しています。

　また、CL（クライアント）が言語化することを助ける場面では、隠れた気持ちを、将来行うべき言動を、例えば「なぜ不安に思うのですか」と聞きたい場合にストレートな「なぜ質問」ではなく（→〔スキル2-3〕（ⅲ）①165頁）不安にさせる「出来事」は何かその「コト」を、問うて（動作主体の言い換え、名詞化）、CL自身が言語化することを助ける方法などが考えられます。

　弁護士自身が個人的な感情を持った状況を、自ら「逆転移だ」と心の中で言語化することも、冷静さを回復するための手段として有益でしょう（〔例5-4-2〕143頁）。

（ⅱ）責めるニュアンスを避ける言い方

　理由を問う場合だけでなく、過去のことを主題にすること自体が責めるニュアンスを帯びることがあります（〔例1-18〕41頁、〔例4-1-3〕91頁など）。①〔スキル2-3〕（ⅲ）（165頁）と同様に過去時制を避けて「そのためにはこれから～」のように「未来」に向かった言い方にするのがよいでしょう（〔スキル2-6〕（ⅰ）173頁）[59]。②会話の組立レベルで、責めることになってしまう事実を提示する前に別のイベントを「クッション」として入れる例（〔例2-13〕64頁）があります。

（ⅲ）柔らかくする

　次に来る提案・質問・意見などの前に緊張を和らげるため、「例えばですけど、○○の解決方法を考えたことはありますか」のように「例えば」を用いること（〔例2-7〕53頁、〔例3-1-2〕79頁など）、「ありますか」よりも「ありそうですか」にすること、また「間違っていたら申し訳ないのですけれども」などの前置き言葉、「現時点では」「いったん置いておく」などの輪郭の曖昧な表現も、柔らかくする表現でしょう。

（ⅳ）「わたしメッセージ」と「第三者メッセージ」

　「私」を主語にした表現を「I（アイ、わたし）メッセージ」、相手を主語にした表現を「You（ユー、あなた）メッセージ」などといいます。

　①CLのことについて「わたし」を主語にして語ると、専門職（話者）の側がそう思った・感じたというワンクッションがあることから客観的評価や決めつけの表現になりにくいメリットがあり、断定を避けつつCLの状態を推し量るとき

59　岩壁編「臨床心理学増刊7号 カウンセリングテクニック入門」162頁参照

（〔例2-5〕50頁）などに有効です。

　また、自分の明確なメッセージを発すべき場合＝ポリシーを明確に伝える場合（〔例1-12〕27頁）、キッパリと謝絶する場合（〔例5-2-3〕131頁、〔例5-3-2〕141頁）、専門職の主観的な見解を述べる場合、客観的な正しさの議論を避ける場合（〔例4-1-2〕90頁、〔例5-2-4〕134頁、〔例5-3-1〕140頁）などにも「わたしメッセージ」が適しています。

　一方、「あなたメッセージ」には、客観的にあなたは「こうだ」「こうあるべきだ」という断定的な響きや、責めるニュアンスが感じられることがあり、「私はそうでない」などと反発を招くことがありそうです。

　②他方、専門職対CL（クライアント）という構図になってしまいそうな状況のときには、「わたしメッセージ」でなく、CLの外にある「見込み」や評価を客観的に述べる「第三者メッセージ」の方がよいでしょう（〔例2-12〕61頁など）。依頼者の要望を否定せざるをえない場合（〔例2-11〕60頁）などもそうでしょう。②は客観的な評価をCLに受け入れてもらう他ない場合ですが、①と②の使い分けは難しいところです。

　③また、専門職がCLに対して抱くマイナス感情についても、仮にそれを表現するとしたら第三者メッセージの方がよいでしょう（〔例4-1-6〕100頁［通常の対応例］の「私だって」は「誰でも面白くないと感じることがあると思います」と言い換えるなど）。しかし、そもそもそのような感情を表さない方がよいと思われます。

（v）「～してください」を問いに換える

　例えば「楽にしてください」と言われたからといって楽になれるわけではありません（Aさせたければ→〔例1-2〕16頁）。そのような場合の対応として「問う」スキルが役立つでしょう（→〔例1-2〕15頁、〔例2-13〕64頁）。

（vi）レトリックの活用

　「レトリック」は単なる言い方ではなく人の認識の枠組みに関わりますが、臨床法務の場面でも比喩、特にメタファー（暗喩）を中心によく使われます[60]。例えば「その問題は脇に置いといて～しませんか」（〔例2-2〕45頁）、「今が一番大きいマイナス」（〔例2-6〕51頁）などの表現も、観念や感情を測れるモノになぞらえ

60　レトリック入門書としては瀬戸賢一『日本語のレトリック―文章表現の技法―』（岩波ジュニア新書、2002）が、法律家特有の議論に関する入門書としては香西秀信『レトリックと詭弁―禁断の議論術講座―』（ちくま文庫、2010）などがお奨めです。

たもので日常語と区別が付かなくなった比喩の一種です（モノ化・外部化→〔スキル2-5〕171頁と連続します）。ちょっと変わった比喩としては、「超能力」（〔例4-2-6〕114頁）、「心配な『事件』はしばらく裁判所に『入院』させておいてはどうでしょうか」といったものもあります。「比較」も有効なレトリックで（〔例1-9〕22頁）、「逆説的」な介入として「せっかく○○しているのだから～△△してみてはどうでしょうか」という言い方も有益な場合があり[61]（○○に「入院」「休職」[62]などが入る）、レトリックを通じてCL（クライアント）の主観の変化を助ける試みといえるでしょう。

　比喩をうまく活用できると、「ユーモア」も生まれることがあります。「親メタファー」という概念も有益で、例えば法的紛争には「戦い」という親メタファーがあり、「それでは兵力の逐次投入になってしまいます」「ここが関ヶ原ですね」「補給はどうするのですか」などのたくさんの子メタファーが生じます。「戦争」メタファーに陥っているCLには、その状態に気付いてもらうか、別の親メタファーへと認識をリフレーミング（→〔スキル2-6〕（ⅱ）174頁）することができたら素晴らしいと思います（中策は共通の敵へ認識を向け変える、上策は何らかの共生・協力モデルの親メタファーに変える＝言うは易く、難しいこととは思いますが）。

COLUMN 窓拭きの比喩

　大掃除で窓拭きをしていて、ハッとしたことがあります。「向こう側の汚れが目立ってる」、でも、向こう側に回ってみると、今度はさっきの側の汚れが目立って見えるのです。そこで、ピンと来たのは、「これは和解の状況そのものだ」。だから、和解を成立させるには、相手方からどう見えるか、想像力を持つことが大事なのだ、と。訴訟でも往々にして相手方の汚れだけ見ていないでしょうか。当方の汚れは、薄くしか見えていなくとも、客観的には大きな汚れなのかもしれません。その逆もまたあります。

(ⅶ) 否定語を避ける

　例として〔例1-6〕（18頁）（「いえ」）があります。また「～ないと、うまくいかな

61　中井久夫「こんなとき私はどうしてきたか」122頁を参照しました。同書には続いて「希望を処方する」という中井氏の印象深い言葉もあります。

62　「休職」の例は土井・大久保編著「イライラ多めの」113頁に依りました。

い」と否定を重ねるよりは「できたら、できる」という肯定の形式のほうがよりよいでしょう（→〔例4-2-1〕104頁）。

(viii) 言い換える

次のCOLUMNを参照してください。

COLUMN 「言い換える」スキル―ミニ言い換え図鑑―

依頼者コミュニケーションに限らず様々な場面で「言い換え」が行われます[63]。例えば政治的言説で「総合的判断」は、真の意味「合理的な根拠はありません」を隠蔽する言い換えレトリックの悪用ではないかと思いますが、レトリック自体は技術であり、そのスキルを知って善用すべきと思います。

傑作と感じる言い換えの一つは、「生命保険」です。これは基本的に死亡を原因として支払われるものですから、生命保険というのは本来はおかしい言葉ですね。言い換えはリフレーミングの一種でもあります。以下、「ミニ言い換え図鑑」を掲げます。

普通の言い方	言い換え例
・お疲れですか？	・お元気ですか？
・なぜ、遅れたんですか？	・何か、あったのですか？（→〔スキル2-3〕(iii)165頁参照）
・しばらく連絡がなかったから心配でした。	・久々に連絡をいただきうれしいです。
・太平洋は日本とアメリカを隔てている。	・太平洋は日本とアメリカをつないでいる。*
・寒くなって参りますので、体調を崩されたりしないようにお願いいたします。	・寒くなって参りますが、お健やかにお過ごしくださるようお願いいたします。
・死亡のときは	・万一のときは(→〔例1-15〕33頁)

＊佐藤信夫『レトリック認識』（講談社学術文庫、1992）159頁

63　レトリック理論では「婉曲法」(euphemism)と呼ばれるものの一種。

（ix）語尾など

　微細なことですが、伝え返す（→〔スキル1-4〕（ⅰ）152頁）際、「ですか」よりも「ですね」の方がよく（〔例4-2-1〕104頁）、「〜ですか」と聞きたくなったら「〜でしょうか」の方がよい（〔例2-11〕60頁参照）などと感じます。

スキル 2-5　外部化・視覚化する

（ⅰ）問題の「外部化」

　CL（クライアント）自身の「人」とその考えや主張とを分離したり（〔例5-2-3〕131頁）、目に見えない心の中の出来事に名前を付けて「外部化」したりして（〔例2-2〕45頁、〔例2-15〕69頁、〔例4-2-6〕114頁など）、客体「モノ」「コト」であるかのように「扱う」ことがあります[64]。心の中の動きなどを客観化、対象化、名詞化することにより「それ」を意識的に扱うことが可能になりやすいのでしょう[65]。

（ⅱ）「視覚化」

　ホワイトボードやPCモニターに争点や事実を書き出す（〔例1-13〕30頁参照）、つまり言語化をCLと一緒に行うことは、CLが状況を客観的に視ることを助けます（特に、「相手の言い分」も列挙してみること）[66]。そして視覚化したものを「共に視る」ことにも意味があります。

> **COLUMN**　「向き合わない」で「共に視る」[67]
> 　日本の多くの人は「向き合う」ことや「相手の目を見て話す」ことは苦手と思います。面と向き合い相手の目を見て話すことを強いられる状況はむしろ異様なことで、例えば就職面接や人事面接などにおいて1対1で対峙することは多くの人にとって緊張を強いられる機会でしょう。
> 　専門職−CLの面談においても、向き合う「姿勢」そのもの（物理的あるいは向き合おうという態度）が緊張関係を生む素地があり（一般的には必要とされるもの

64　中川米造『医療のクリニック「癒しの医療」のために』（新曜社、1994）207頁に「感情は……言語として表出することにより客体化され、客体化されたものはコントロール可能になる」とあります。

65　心理学上の著名な「マシュマロテスト」（マシュマロを食べることを我慢できる時間を計測する等）で、目の前にあるマシュマロを「額縁に入れた写真」だと思うことにより待てる時間が長くなること（阿部修士『意思決定の心理学─脳とこころの傾向と対策─』（講談社選書メチエ、2017）58頁参照）など参考になります。

66　土井・大久保編著「イライラ多めの」95頁参照

67　本COLUMNの内容は、北山修編著『共視論─母子像の心理学─』（講談社選書メチエ、2005）に触発されました。

ですが)、さらに CL にとって「不利な」「触れられたくない」事実を確かめる必要がある場合((例 2-11)60頁参照)、CL は緊張を強いられ、ときに防御的になったり、防御の延長上で攻撃的になることもあると感じられます。

　この点に対応するスキルとして、対象を視覚化して外に置き「共に視る」ことがありえます。具体的には、(ⅰ)対面でなく 90 度ないし 120 度程度の斜め横に座る、(ⅱ)「対象を外におく」、例えば CL 不利な事情を記載した相手方書面について事情を聞くとき、「CL に聞く」のではなく、書面を外において(例えば、ディスプレイに映しながら)共に視ながら「相手はひどいこと言ってますね〜」「相手はああ言ってるけど、事実はどうだったんでしょうね」のように言うなどです。

　また、不利な内容を含む契約書などを二人の(間でなく)前に置き、「第○条を見ると、あなたは○○しなければならないと書いてありますが、この点はどうだったのでしょう」のように聞くことで CL は契約書に向かって「相手が『実際には意味のない条項だから気にしないで』と言ってたなあ」などと多少なりとも不利益事情を「外部化」することができると思われます。さらに、「さて、あの○条には不利なことも書いてありますね。あそこに書いてある以上それはどうしようもないから、どう主張していけばいいか一緒に考えましょう」というように「未来の時制」で話すのに適した体勢を作るものといえそうです。

　ディスプレイを眺めながら「さて、あそこに書いてあること、これは困りましたね」などと言って、二人してコーヒーを飲みながらアイデアを出し合う、そんな雰囲気になるといいですね。

COLUMN　「向き合う」ことは必要か

　人の「心に向き合う」(また「自分自身に向き合う」、「自分を見つめる」など)ことは通常良い意味で用いられますが、いつもそうなのでしょうか。この点、臨床心理士の東畑開人氏によれば、「セラピー」は心を掘り下げ、心の深い部分に触れて、中の苦しいものが外にあふれ出て心は不安定になる、一方でケアは心のまわりを固めて安定させるものであり[68]、セラピーでなくケアが求められていることの方が多いといいます[69]。

---

[68]　東畑開人「居るのはつらいよ」49 〜 50 頁から趣旨を引用しました。
[69]　同書 21 頁で、心理士の仕事のうちセラピーの割合はかなり小さく、多くはケアだといいます。

　そうすると、心の専門家ではない法律専門職としては、必ずしもCLの心と直接向き合おうとするのでなく、心の外にあるもの(環境、表層)を整えようとするケアが少しでもできれば役立つと考えればよいのではないでしょうか(体調を気遣う→〔例3-2-1〕83頁)[70]。

　また、我々法律専門職は、顧客に、事件に「向き合う」ことをいつも要求されているように感じますが、顧客や事件に向かって当座のボールを投げ返したら[71]、その後は角度を変えて「自分にもできるケア」は何かを考えてみるのもよいかもしれません。

スキル 2-6　「変わる」を支援する

(i) 視点が変わる

　視点が変わることを助けるには、人、行為、時間、場などを変えてみるとよいでしょう(→〔例4-2-9〕120頁)。依頼者と相手方の立場を逆にしてみること(〔例4-2-11〕124頁)、未来の時点に視点を移すこと(〔例2-6〕51頁、〔例4-1-8〕102頁)、過去ではなく今ここでの言動を受け止めて「これから」将来の共同作業へと視点を向けること(〔例2-15〕69頁、〔例4-1-3〕91頁、〔例4-2-1〕104頁)、二分法の認識を変えること(〔例3-1-3〕81頁、〔例4-2-8〕118頁)、変わるきっかけを提供するために「今は無理に考えなくてもいい」と先延ばしすること(〔例4-1-8〕102頁)などです。

　また、「Let's～」にあたる「これから～しませんか」は少し「未来」へと視点を変えることを誘います(〔例1-17〕37頁など)。一方、今ここから過去に視点を変えることもあり(〔例2-19〕76頁)、今の打ち合わせの場だけに視点を集中しようとすることもあります(〔例2-2〕45頁)。なお、別の見方を示すときには「例えば」など付けると柔らかい伝え方になります(〔例3-1-2〕79頁)。

　またCL(クライアント)自身でなくその周辺、例えばCLの子に視点を向けることはよく言われます(離婚案件で、子どもがその案をどう思うか)。遺産分割トラブルで、弟は絶縁状態にあった兄を学歴がないとバカにしていたが、仲裁人は、兄の娘さんが「いのちの電話相談」のボランティアをしていることなどを知って兄

70　筆者の経験を振り返ると「自分と向き合わなければならない」と思うことは不毛だったこと(自分探しにもつながってしまう)が似ていると感じます。自分と向き合うことはかなり異常な状況であり、通常は目の前のできることをしたり、自分の身体や環境に注意を注ぎ(自分のケア)、余裕ができてから必要なときに向き合えばよいのではないかと、経験から思います。

71　「クロスレファレンス民事実務講義」§18、82「絶対にボールを持たない」を参照。

の生き方を弟に話したところ、弟は兄の人物について見方を変えたというエピソードがあるそうです[72]。

（ⅱ）リフレーミング

　視点が変わるということと共通しますが、人の持っている認識の枠組み（フレーム）や言葉（ラベル）などの意味を転換したり言い換えたりするものです。例えば、ケンカばかりしている夫婦は、「お互いに強い関心がある」と見ることができる、つまりケンカという「行動」から、「関心」の枠組みへとリフレームすることが挙げられます[73]。

　臨床法務では、真の紛争原因は訴えとは別のところにあることも多く、リフレーミングの手法は和解・調停の局面でよく用いられていることでしょう。例えば「実家を残したい」という思いの意味をリフレーミングした例（〔例4-1-1〕88頁）や、コップの水が「もう半分なくなった」と見ないで「まだ半分もある」と見ることに似て、今まで「隠していた」→「明らかになった」と視点を変えた例（〔例4-2-1〕104頁）もリフレーミングの一種といえるものでしょう。

　具体的には、調停案の「意味」を変える（〔例4-2-2〕106頁及び〔例4-2-9〕120頁、〔例4-2-10〕123頁も類似）、CL（クライアント）の質問の意味を変えて問い返す（〔例4-2-7〕116頁）、「強い」という言葉の意味（定義）を変える（〔例4-2-8〕118頁）、またCLの「心配しなければならない」という考えを変える（〔例4-2-6〕114頁）、陳腐ながらレトリックを交えて主観的な受け止め方が変わる手助けをする（〔例3-2-1〕83頁）、怒りや不安を鎮めるためその原因となっている認識を変える（〔例4-1-7〕101頁）、その他〔例4-1-2〕（90頁）はそれぞれリフレーミングを試みた例です。

　「この案は何点くらいの案なんでしょうか」という類いの質問をされる場合がありますが、これは依頼者が案件を「試験」の親メタファー（→〔スキル2-4〕（ⅵ）168頁）として捉えているといえます。このメタファーに乗るなら「トラブルになって弁護士のところに来ている以上、既に100点はありえません。例えば60点ならそれが満点です。その状況で何とか頑張ってみましょう」というように「正解」の基準が変化すべく水を向けることもあります。

72　波多野二三彦『リーガルカウンセリング―面接・交渉・見立ての臨床―』（信山社出版、2004)39頁のエピソードです。

73　岩壁編「臨床心理学増刊7号　カウンセリングテクニック入門」81頁〔青木みのり〕参照。

(iii)「例外探し」

　消極的考えに陥っている人に「では一度も〜になったことはないか」と問い、例外的に「少しは」あったとするなら、「そのときのことをもっと教えてください」と例外を広げていく手法です。そして、「気持ちが沈みがち」→「気分がよい、普通、悪いの割合で言うと？」など、これが「スケールクエスチョン」で、僅かな割合であってもよい「例外」を話題にしていきます。〔例4-2-3〕(108頁)でこの「例外探し」のためにスケールクエスチョンを試みています。

(iv) 認知の歪みがある場合

　認知行動アプローチで説明される、次の枠組みが参考になると思います[74]。

　①自動思考－自己・世界・将来の3種類。例：「私は(自己)、誰も助けてくれず(取り巻く世界)、金輪際何をやってもダメだ(将来の見通し)」

　②不適切な推論の枠組み－〔例4-1-8〕(102頁)で表われているような二者択一思考。現実を感情だけで判断する、べき思考、極端な一般化、過大・過小評価、選択的注目、飛躍的推論、自己関連付け、自己実現的予言など。

　③中核的スキーマ－私は不器用だ→失敗があるとスキーマが活性化され①が生じる。

　法務面談では、②にあたると感じることが結構あると思いますが、ケースに応じて「変わることを支援する」アイデアを考えてみると有益かと思います。

COLUMN　「手伝ってください」リフレーミングの例

　看護師さんが、寝たきりのAさんを抱き起こす際に言います。「Aさんこの動きは難しいからしっかりと手伝ってくださいね。よいしょっ……ああ、うまくいきました。Aさんありがとうございました」。

　「起こしてあげる」ではなく「ありがとう」という発話と気持ちに「ハッ」としました。起こされる側も、自分が自分なりの役割を果たして、「役に立った」と感じることができるのではないでしょうか。人は様々な状況に置かれますが、生きていることの意味を感じにくい状況の下でも、もし、少しでも自分の存在が「役に立っている」と感じることができるとき、それは積極的な意味を持てることではないかなと思いました。

　自分の仕事に誇りを持った看護師さんの振る舞いは、私たちの仕事のヒント

74　土井・大久保編著「イライラ多めの」115頁以下に依りました。

になるかもしれません。難しい紛争では、法や弁護士の力により解決できる部分はとても少ないことを実感します。そこで、専門職が行うことも「手伝っていただき、ありがとうございます」とリフレーミングできるとよいかもしれません((例5-4-4)145頁も参照)。

　紛争は厳しいものがほとんどであるにしても、代理人をはじめ多くの関係当事者が、「感謝する」という心持ちを根っこに持ち続けることが、紛争解決のために働く触媒の一つとして必要なのではないかと気付くことができました。

第 3 章

弁護士自身と状況を
マネジメントするスキル

スキル 3-1　自分のトリセツ—マネジメントモード

〔スキル1-2〕(148頁)で触れた3つのモードのうち「マネジメントモード」は、企業の危機管理と似た側面があり、自分自身と状況をマネジメントする意識を持って行動すべきモードです[75]。

普段意識しない「自分」を意識せざるをえないとき＝専門職としてでなく、次のように「生身の人」としての対応が必要な場合(以下の3パターン)＝があります。

①専門職としての自分のコントロールを失いつつあるとき(恐怖、怒り、パニック、逆転移→〔例5-4-2〕143頁など)。

②客観的に危険があるとき(災害、業務妨害などの状況)。

③謝罪する場面など、相手に心(感情)で感じてもらいたいとき(謝るとき→〔例1-19〕COLUMN 43頁)。

このようなとき、普段の自分の意識から少し離れた場所から「監督・マネージャー」としての自分が、現場で「プレーヤー」になっている自分を俯瞰する＝もう一人の自分を持つモードを意識するとよいと思います。

では、(ⅰ)どうやってマネジメントモードに移行するか、(ⅱ)そのモードになってどのようにマネジメントするのか。(ⅰ)は例えば、「とにかく深呼吸する」「1、2、3……と7まで数える」など、その状況に入ったときの反応を決めておいて普段から練習しておくことや、また「今は安全が全てに優先する」[76]などと自分に「指令」することなど様々でしょう。(ⅱ)としては、相談を受け

---

75 中村芳彦ら「リーガル・カウンセリング」156頁では、難しいクライアントと相対した際のマインド・セット(心構え)のヒントして、「治す」のでなく難しいことを前提にいかにマネジメントするか(うまく付き合っていくか)が重要としています。

76 中村真「新版法律相談入門」170頁「相談困難者に当たったとき」がとても役立ちます。同書173頁の自分、事務所スタッフ、ビジネスパートナーや家族に悪影響を及ぼすリスクをいかに排除するかを何よりも先に考えなければならない、このことに全く同感です。

ている状況であれば無難に切り上げることを優先させ、何らかの解決策を示唆できるならそれを行い[77]、解決策がないなら「見解の相違」にたどり着くことのみを意識して平行線で終わることにします[78]。

　受任後に困った事態となったら、応対しつつある、今やっていることの時刻と要点を逐次記録すること、頼りになる人に電話をすることなど、混乱している感情を自分の「外」に出すことが重要です。

　また、ひどく困難な状態になったと感じたときには、「この困難に対応できなかったら命を奪われるだろうか」と自問することもよいでしょう。そんな問題ではないと理解できたらそれでよし、命に関わる可能性があると思ったら早々に人生の先輩か医療・心理の専門家などに相談した方がよいと思います。

　筆者の経験では、元修習生など若手の人から相談を受けて、相談してくれてよかったと思える案件もある一方で、良くない結果を人伝えに聞いて「どうしてそうなる前に相談してくれなかったのか」と本当に残念に感じる人もいます。「窮鳥懐に入る」と言います。懐に入って相談されたら、最優先で親身になってくれる先輩は多いはずです[79]。

スキル 3-2 ▶ 法律相談特有の事項

（ⅰ）「いったん持ち帰ってもらう」ことの重要性

　「先生にお願いします」と言われても、今ここで話した見通しや契約条件（特に弁護士報酬）に本当に納得されているかは分かりません。また「ここにいない第三者」（〔スキル1-4〕注37の「不在の他者」（153頁）も参照）の納得が必要なことも多いと思われます。そこでいったん保留の状態で持ち帰ってもらい、改めて連絡があるのを待つことを基本にするのがよいでしょう（〔例2-12〕61頁参照、〔例4-1-5〕96頁）。意外に依頼されないことも多いもので、仮にそのような案件を受任していたとすると苦労することが少なくありません。

　直観的に「受任していいか」と迷いがあると感じたら、その場で謝絶する理由

77　深刻でないケースですが、弁護士でなく医師のもとに行くことを勧める例として〔例5-2-5〕135頁。

78　この点、中村真「新版法律相談入門」172頁。同書には秘密録音の可能性があるので不合理な意見に同調することはできないこと、一方、無用な反感を持たれないように口調は穏やかにゆっくりとすること、など有益なアドバイスがあります。

79　思い浮かばない場合は、（それほど交流がなかったとしても）研修所の元教官や弁護士会の若手窓口などの先輩に相談するとよいです。

が見つからないときでも、「委任契約書の内容などもう一度考えて、ご連絡しますので」などと言って、とにかくその場で引き受けないようにするのがよいでしょう。

　法律相談前には、自分がどのような弁護士であろうとしているのかを再確認して「自分は、〜する弁護士なんだ」と言い聞かせ、一方では「何があるか分からない」と注意をして臨むといいでしょう（注意すべき例→（ⅲ）のCOLUMN 180頁参照）。

（ⅱ）相談の終了にあたって─ドアノブ・クエスチョン

　説明を終えたかに思えた場面で「他に何か気になることがありますか」とオープンに尋ねることです。専門職はポイントを絞って検討していきますが、CL（クライアント）はそこからはみ出す部分に本当の問題を抱えており、専門職主導の流れの中で言い出せずもやもやを持ち帰ることがあるのです。この質問を最後にする余裕を持てると、よりよい仕事ができるはずです（時間はオーバーしやすいですが）。

（ⅲ）相談だけで受任しない場合

　受任を謝絶する場合の「理由」をまとめます[80]。

【受任を謝絶する場合の理由】
①裁判所において立証できない見通し（〔例5-2-4〕134頁）
②法的な対応が困難（〔例2-9〕56頁。内容や目的、方法において不当な事案を含む →〔例5-2-3〕131頁）
③相談者が弁護士に依頼するメリットがない（経済的合理性、自身で解決がよい等）
④その意向に沿うならば処理方針について意見が一致しない
⑤多忙で担当できない
⑥その把握できた問題について弁護士の能力・経験が不足する
⑦利益相反のおそれ

　謝絶する際の話し方については、表中にある〔例2-9〕（56頁）、〔例5-2-3〕（131頁）、〔例5-2-4〕（134頁）で触れています。

　なお、受任しない理由として「信頼関係を維持できない見込み」、あるいは辞

80　中村真「新版法律相談入門」240頁以下に分かりやすいアドバイスがあります。「クロスレファレンス民事実務講義」§17、18、702、703、706も併せて参照してください。

任理由として「信頼関係が壊れたから」ということをよく耳にしますが、まずは表中③CL（クライアント）にとってメリットがないという説明をしてみるのがよいでしょう（〔例2-5〕50頁参照）。

> **COLUMN　本当は恐ろしい一般の法律相談**
>
> 　弁護士を30年やっていても、一般の法律相談ほど怖いものはありません。緊張します。
>
> 　はるか前ですが、こんなことがありました。人のよさそうな50～60代の女性です。図面を数枚取り出して、内容は忘れましたが、土地利用、境界に関するような相談でした。にこやかに事情を説明していましたが、若干の法律問題が含まれていて、「先生、法律的にはどうなるのでしょうか。ご意見をお聞かせください」。その言葉の際、女性の目が少し鋭くなったような印象を受けましたが、判例の路線だとこの問題には一応こうなるだろうなどと考えて答えました。
>
> 　その後、相談者はこう言いました。「実は、この件は最高裁まで行って敗訴が確定しているの。悔しいから、担当した弁護士に懲戒請求をしたのね。その後、こうやって色々な法律相談にきて、ちゃんと答えられなかった弁護士には懲戒請求してやってるのよ」。
>
> 　……どうやら、私はかろうじて合格だったようです。

スキル 3-3　法務専門職の機能

　本項目のみ精神論（心構え）を主に触れたいと思います。まず、本書で「スキル」として述べたことの全ては、親身な心がこもっていなければ「口先だけ」のもので、逆効果となるだけのことでしょう（本項末のCOLUMN（182頁）も反面教師にしてください）。ただ、たとえ「口先」であっても、どういう言葉をかけたらよいかと考えたり工夫しようという意識を持つだけでも随分と違いが出てくるのではないでしょうか。工夫の過程で隣接諸学を学ぶ知的な興味を感じることもあるのではないかと思います。ベテランになっても工夫し、学び続けたいものです。

> **COLUMN　心のメカニズムを推測する**
>
> 　対応困難なCLの行動について、なぜそんな行動に出るのか、どう対応したらよいのかということを過去の経験から推測できないとき、専門職の混乱や不安が増します。このとき、「このCLはこういう人だからあれがきっかけとなって

私に攻撃的になっているのではないか」などとそのメカニズムを推測する（仮説を立てる）ことができれば、混乱や不安が軽減します。推測することができれば、情報を整理して考えることができるようになり、考えることができるようになれば混乱や不安がより軽減されるはずです[81]。

そこで色々なメカニズムを、暫定的にでも理解しておくことが役立つと思います（つまり、理論を勉強することの意義の一つです）。

我々は臨床法務を行っていますが、個人対個人の紛争にとどまらず、企業対人の問題、またCL（クライアント）が企業法務部門であっても、目的の設定や手段の選択において、それに関わる「人」の心は大いに関係があると感じます。そこで法的な対応の基礎として、専門職がCLの「心」とよりよくコミュニケーションできることが必要になるので、カウンセリング等の領域の面接技法などにおける知見にも学びつつ、コミュニケーションスキルを向上させていきたいものです。

他方、心の専門家でない者としては、経験的対応からあまり離れない方が無難で（〔スキル1-2〕（iv）151頁）、心と触れ合う、向き合うことを直接目指すのではなく、CLの心の外にある環境を支援することを第一に考え（→〔スキル2-5〕COLUMN 171頁）、結果的に今より良いコミュニケーションができたらよいのではないでしょうか。

CLとの関係としては、様々な状況があり、「業務妨害」を惹起する人[82]、パーソナリティ障害のような人に出会うこともあるので[83]（〔スキル3-2〕のCOLUMN 180頁も参照）、自分が専門職としてできることの範囲を冷静に認識し、自己をコントロールする「もう一人の自分」を常に持っておくことが必要です（マネジメントモード→〔スキル3-1〕177頁）。いくら人のために働きたいと思っていても、自分自身が潰れてしまっては元も子もありません。そこで、CLがどんな人であっても、自分が対応できる「セッティング」をなるべく当初に明示し合意のうえで（「構造化」、ルールの設定→〔スキル1-2〕（ii）148頁）、「通常できることを誠実に行う」という原則を淡々と行うもう一人の自分を持つことがよいのではないでしょうか。あなたを必要としている、まだ見ぬCLのためにも。

81　岡田編「難しい依頼者」から「はじめに」v、及び30頁を参考にしました。
82　NIBEN Frontier2022年4月号の講演録、日弁連会員用HPにある業務対策マニュアルなど参照。
83　この問題全般について岡田編「難しい依頼者」が基本的な参考文献になります。

┌───┐

ⒸⓄⓁⓊⓂⓃ **親身になっていなかった「反面教師」例**

　反面教師の例を示します。筆者は、忙しさにかまけて「やってあげる」という意識になっていた案件の依頼者Aさんから次のような趣旨のクレームを受けました。見事に反面教師の要素が詰まっています！　こうなってしまわないため、後進の方の役に立てばと思い、反省と悔悟を込めて再構成して記載します。この方には本当に辛い思いをさせたと今でも胸が痛みます。

A：優しそうな弁護士さんだと思って期待して任せたら、何もやってくれなかった。私は何も情報がないのに、今後どうなるか、説明してくれなかった。謄写した資料を送ってこられたけど、送り状に資料のリストだけ書いてあって、資料の後ろの方に私の欲しかった重要な資料が付いているとは気付かなかった。資料を送りつけて、電話の1本もなく、2か月も経って、「どうですか」はないでしょう。

　私が、この2か月どんな思いで、連絡を待っていたのか分かりますか。分からないでしょう。待ち合わせた際は、時間ぴったりに来て、歩きながら話をしてくれただけ。ソファで待っている間、忙しそうにスマホをして、新聞を出して読んでいた。面談が終わったらすぐ次の場所に行って。私の案件はビジネスじゃないんでしょうけど、私は東京まで出てくるだけでも辛い思いをしていたんです。弁護士にとっては所詮依頼者の案件なんて人ごとなんだということがよく分かりました。

└───┘

あとがき

　筆者（京野）自身は、人とのコミュニケーションはあまり得意とはいえなかったと思います。初対面の人と面談する前には、どんな人だろうか、会ったらどうなるだろうかなどと不安を覚えていましたが、その後「来所時不安」という言葉を知り、それに対応する自分自身についてのとまどいや不安のありかを知り、ほっとしたことを覚えています。そして、本書を執筆するにあたってカウンセリング等の書籍に少し触れてみて、自分としては何とかやってきたつもりでも、自覚しなかっただけの失敗例はおそらく山積していただろうと実感しました。

　そんな筆者の引き出しから出てきたスキルは、何も考えない対応よりはまし、という程度でしょう。また本書の伝え方はスキルに特化しようとするものですが、心構えや基本姿勢の裏打ちを欠いた叙述はいかにも小手先のものと見えてしまうかもしれません（〔スキル3-3〕180頁で一言触れました）。それでも、普通－工夫を対比して具体的な会話例を示すという伝え方をしている書籍は他にあまりないと思われます。本書の足りないところは、読者それぞれがどういう専門職でありたいのかよく考えて、自ら補って、創っていただけるようであれば、コミュニケーションが苦手と感じる若手専門職にとって多少の参考となるのではないかと思います。

　広い世界の長い歴史の中で、一つとして同じケースはない個々の面談に日々新鮮な気持ちで取り組んで、ひとびとの間のトラブル解消に資すること、そのことを通じて世の中を少しでも明るくする専門職の機能を一層発揮していただくことを期待しています。

　本書の準備段階では、波戸岡光太弁護士、大門あゆみ弁護士、中原阿里弁護士、木葉文子弁護士と一緒に勉強させていただき、その対人支援の姿勢や実践活動に大きな刺激と啓発を受けました。彼らも今後、弁護士の手になるものとしてこれまでになかった書籍を発刊されることと思いますので、楽しみに待ちたいと思います。

2023（令和5）年8月

執筆者代表　京野　哲也

参考文献

◆略称して引用した文献

岡田裕子編著『難しい依頼者と出会った法律家へ─パーソナリティ障害の理解と支援─』（日本加除出版、2018）＝岡田編「難しい依頼者」

土井浩之・大久保さやか編著『イライラ多めの依頼者・相談者とのコミュニケーション術』（遠見書房、2021）＝土井・大久保編著「イライラ多めの」

熊倉伸宏『面接法〔追補版〕』（新興医学出版社、2003）＝熊倉伸宏「面接法　追補版」

中村真『新版　若手法律家のための法律相談入門』（学陽書房、2022）＝中村真「新版法律相談入門」

東山紘久『プロカウンセラーの聞く技術 』（創元社、2000）＝東山紘久「プロカウンセラーの聞く技術」

東山紘久『プロカウンセラーのコミュニケーション術』（創元社、2005）＝東山紘久「プロカウンセラーのコミュニケーション術」

中井久夫『こんなとき私はどうしてきたか』（医学書院、2007）＝中井久夫「こんなとき私はどうしてきたか」

東畑開人『居るのはつらいよ─ケアとセラピーについての覚書─』（医学書院、2019）＝東畑開人「居るのはつらいよ」

山口祐二『チャイルドラインで学んだ　子どもの気持ちを聴くスキル』（ミネルヴァ書房、2014）＝山口祐二「子どもの気持ちを聴くスキル」

中村芳彦・和田仁孝・石田京子・岡田裕子・早坂由起子『リーガル・カウンセリングの理論と臨床技法』（北大路書房、2022）＝中村芳彦ら「リーガル・カウンセリング」

岩壁茂編『臨床心理学増刊第7号　カウンセリングテクニック入門─プロカウンセラーの技法30─』（金剛出版、2015）＝岩壁編「臨床心理学増刊7号　カウンセリングテクニック入門」（なお同内容で、岩壁茂編『カウンセリングテクニック入門─プロカウンセラーの技法30─』（金剛出版、2018）がある）

帚木蓬生『ネガティブ・ケイパビリティ─答えのない事態に耐える力─』（朝日新聞出版、2017）＝帚木蓬生「ネガティブ・ケイパビリティ」

榎本修『ローヤリングの考え方─法律相談・受任から交渉・ADRまで─』（名古屋大学出版会、2022）＝榎本修「ローヤリングの考え方」

神田橋條治『追補　精神科診断面接のコツ』（岩崎学術出版社、1994）＝神田橋條治「追補精神科診断面接のコツ」

草野芳郎『和解技術論─和解の基本原理─〔第2版〕』（信山社出版、2003）＝草野芳郎「和解技術論〔第2版〕」

草野芳郎『新和解技術論─和解は未来を創る─』（信山社出版、2020）＝草野芳郎「新和解技術論」

菅原郁夫・下山晴彦『実践法律相談　面接技法のエッセンス』（東京大学出版会、2007）＝菅原・下山「実践法律相談　面接技法のエッセンス」

廣田尚久『若手法律家のための和解のコツ』（学陽書房、2017）＝廣田尚久「若手

法律家のための和解のコツ」

フィッシャー&ユーリー著、金山宣夫・浅井和子訳『ハーバード流交渉術』（三笠書房知的生き方文庫版、1989）＝フィッシャー&ユーリー「ハーバード流交渉術」

※なお、京野哲也『クロスレファレンス民事実務講義〔第3版〕』（ぎょうせい、2021）を「クロスレファレンス民事実務講義」と略称しました。

◆その他参照した文献

岩壁茂・福島哲夫・伊藤絵美『臨床心理学入門―多様なアプローチを越境する―』（有斐閣、2013）

相川充『新版　人づきあいの技術―ソーシャルスキルの心理学―』（サイエンス社、2009）

大熊保彦編「リフレーミング：その理論と実際」現代のエスプリ523号（ぎょうせい、2011）

加藤新太郎編『リーガル・コミュニケーション』（弘文堂、2002）

加藤新太郎編『リーガル・ネゴシエーション』（弘文堂、2004）

官澤里美『事件類型別依頼者対応の勘所―選ばれる弁護士になるために―』（第一法規、2016）

草野耕一『日本人が知らない説得の技法』（講談社、1997）

熊倉伸宏『面接法2―方法論的意識をめぐって―』（新興医学出版社、2021）

古宮昇『プロカウンセラーが教えるはじめての傾聴術』（ナツメ社、2012）

古宮昇『プロが教える共感的カウンセリングの面接術』（誠信書房、2019）

笹瀬健児編著『事件類型別エピソードでつかむリーガルカウンセリングの手法―依頼者の心と向き合う！―』（第一法規、2021）

菅原郁夫・岡田悦典編、日弁連法律相談センター面接技術研究会著『法律相談のための面接技法―相談者とのよりよいコミュニケーションのために―』（商事法務、2004）

東畑開人『聞く技術 聞いてもらう技術』（ちくま新書、2022）

中村芳彦・和田仁孝『リーガル・カウンセリングの技法』（法律文化社、2006）

中川米造『医療のクリニック―〈癒しの医療〉のために―』（新曜社、1994）

名古屋ロイヤリング研究会編『実務ロイヤリング講義―弁護士の法律相談・調査・交渉・ADR活用等の基礎的技能―〔第2版〕』（民事法研究会、2009）

柏木昇「弁護士の面接技術に関する研究」日弁連法務研究財団『法と実務 vol3』所収研究報告（商事法務、2003）

信田さよ子『カウンセラーは何を見ているか』（医学書院、2014）

波多野二三彦『リーガルカウンセリング―面接・交渉・見立ての臨床―』（信山社出版、2004）

David A. Binder、Paul B. Bergman、Paul R. Tremblay、Ian S. Weinstein 著、菅原郁夫・荒川歩監訳、石崎千景・榎本修・遠藤凌河訳『カウンセラーとしての弁護士―依頼者中心の面接技法―』（法律文化社、2023）

索引

◆状況別

◆実務で使えるこの着眼・スキル

◆実務で使えるこのフレーズ・具体的な言葉 △はネガティブな意味

「誰でもそういうこと」はあります ⇨ 【スキル2-3（iii）】
手続は順調に進んでいます ⇨ 【例4-2-6】
△「当職」 ⇨ 【例1-6】
どの辺りから始めましょうか ⇨ 【例1-19】
「～ないと、うまくいかない」 ⇨ 【例4-2-1】
仲直りしなくていい ⇨ 【例3-1-1】
悩ましい問題ですよね ⇨ 【例2-6】
何でも～のようなんですが ⇨ 【例2-13】
「認定される」 ⇨ 【例2-12】
「念のため」 ⇨ 【例3-2-4】
△「は」（今までは） ⇨ 【例4-2-6】
△「被告」 ⇨ 【例1-17】
ベストの選択ではない ⇨ 【例5-2-6】
△「弁護士がいくら頑張っても」 ⇨ 【例1-17】
弁護士事務所にいらしたのは初めて ⇨ 【例1-2】
「弁護士のところに来なくて済めば」 ⇨ 【例2-1】
弁護士も人それぞれですから ⇨ 【例5-2-3】
他の弁護士の意見も聞いてみてください ⇨ 【例4-1-5】
ポリシーとしているのですが ⇨ 【例5-2-2】
「万一の際に」 ⇨ 【例1-15】
もっと心配していただきたい ⇨ 【例4-2-6】
「も」を避ける ⇨ 【例4-2-2】
「も」より「か」 ⇨ 【例5-3-1】
利益にならないと思いますので ⇨ 【例5-3-1】
臨機応変 ⇨ 【例4-1-6】
ワクワクして ⇨ 【例3-2-3】
「私たち」の調停 ⇨ 【例2-13】
私の仕事のやり方があって ⇨ 【例5-2-3】

◆一般用語

――――――――――――〈あ〉――――――――――――

アイスブレーク ⇨ 【例1-1】
相づち ⇨ 【スキル1-4（i）】
相手弁護士 ⇨ 【スキル1-4（i）】

◆事件類型別

■執筆者紹介

【編著者】
京野哲也（きょうの・てつや）

1991 年　弁護士登録（第一東京弁護士会）
2008 年　最高裁判所司法研修所教官（民事弁護）
2015 年　筑波大学法科大学院（ロースクール）　専任教授
2019 年　岡山県に U ターン（岡山弁護士会）。岡山大学法務研究科（ロースクール）客員教授（2022 年〜現在）

〈主要著書〉
『民事反対尋問のスキル』（ぎょうせい、2018 年、2023 年［第 2 版］）
『Q & A 若手弁護士からの相談 199 問』（編著、日本加除出版、2023 年）
『Q & A 若手弁護士からの相談 203 問』（編著、日本加除出版、2022 年）
『クロスレファレンス　民事実務講義』（ぎょうせい、2011 年、2021 年［第 3 版］）
『Q & A 若手弁護士からの相談 374 問』（編著、日本加除出版、2019 年）

【著者】
中川佳男（なかがわ・よしお）

2010 年　弁護士登録（第二東京弁護士会）
2015 年　最高裁判所司法研修所所付（民事弁護教官室）
現在　　日弁連民事裁判手続に関する委員会幹事

〈著書〉
『Q & A 若手弁護士からの相談 203 問』（共著、日本加除出版、2022 年）
『Q & A 若手弁護士からの相談 374 問』（共著、日本加除出版、2019 年）

岡直幸（おか・なおゆき）

2011 年　弁護士登録（現在福岡県弁護士会）
2022 年〜現在　九州弁護士会連合会　高齢者・障害者支援のための連絡協議会委員長

沖田翼（おきた・つばさ）

2016 年　弁護士登録（現在神奈川県弁護士会）

こんなときどうする　法律家の依頼者対応

2023年9月7日　初版発行
2024年2月20日　2刷発行

編著者　京野哲也

発行者　佐久間重嘉

発行所　学陽書房

〒102-0072　東京都千代田区飯田橋1-9-3
営業　電話　03-3261-1111　FAX　03-5211-3300
編集　電話　03-3261-1112
http://www.gakuyo.co.jp/

ブックデザイン／LIKE A DESIGN（渡邉雄哉）
DTP制作／ニシ工芸　　印刷／加藤文明社　　製本／東京美術紙工

裁判官目線を意識した
実務対応のポイント！

「規範的要件を主張する際のポイントは？」「裁判官の心証形成とは？」「地位確認請求、未払賃金請求、労災請求等の事件類型に必要な基礎知識は？」弁護士が身につけておきたい、労働訴訟・労働審判に特有のスキル！

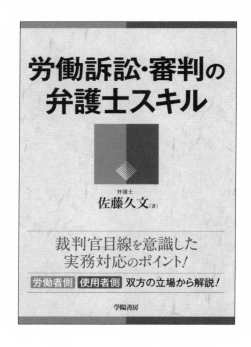

労働訴訟・審判の
弁護士スキル

佐藤久文 ［著］
A5 判並製／定価 2,310 円（10％税込）

突然・初めての受任にも ミスなく対応できる！

「事故発生直後の依頼」「物損事故の依頼」「治療中の被害者からの依頼」「自転車事故の依頼」等の7つのケースを収録。依頼者にどう対応するべきか、どの保険が使えるか、どのような証拠を収集するべきかを事案ごとに丁寧に解説！

7つのケースでわかる！
交通事故事件 ミスゼロの実務

稲葉直樹・石濱貴文・古郡賢大・井上陽介
塩田将司・江田 翼・池田龍吾・浅井 健［著］
A5判並製／定価 3,630円（10%税込）

上手い尋問と下手な尋問の違いとは？

経験豊富な弁護士が持っている 30 の暗黙知！ 「主尋問」「反対尋問」「陳述書」「専門家質問」「異議の出し方」などの様々な失敗事例を基に、失敗の原因と、効果的な尋問例を解説！

失敗事例でわかる！
民事尋問のゴールデンルール 30

藤代浩則・野村 創・
野中英匡・城石 惣・田附周平 [著]

立証がブレず、相手を逃さない、実務の基本作法！

学陽書房

失敗事例でわかる！
民事尋問のゴールデンルール 30

藤代浩則・野村 創・野中英匡・城石 惣・田附周平 ［著］
A5 判並製／定価 3,300 円 （10％税込）